KB274396

지금처럼 산다면

지금처럼 산다면

박성수 지음

이담 Books

글을 쓰면서

　이 책은 돈을 벌고 싶은 사람이나 직장에서 출세하려는 사람을 위한 성공서가 아닙니다.

　저는 '성공하기 위해서는 이렇게 살아야 한다'고 말할 수 있을 만큼 성공한 사람도 아니고 또 남들이 알아주는 유명한 사람도 아니기에 '이렇게 살면 성공한다'고 말하는 것은 주제 넘는 일이 될 것입니다.

　다만 오늘 하루를 어떻게 살아야 하는지 나 자신을 되돌아보고 싶었을 뿐입니다. 바쁜 세상을 살다 보니 하루가 어떻게 가는지도 모르고, 남들 눈치를 보고 살려니 진정 나의 생각은 무엇인지, '나'라는 존재를 잊고 사는 경우가 많습니다.

　성공하기 위해서, 인생을 보다 잘 살기 위해서 노력하다 보니 책을 써 보아야겠다는 생각이 들었습니다. 그러나 성공한 사람이 쓰는 책 말고 성공하기 위해서 노력하는 책을 쓰고 싶었습니다.

　나보다 먼저 깨달은 선배님, 스승님들이 들려주는 인생의 이야기를 되새기며 현재를 살아가고 있는 나의 생각과 모습을 비춰 보면서 진지한 삶, 실천하는 삶을 살아가고 싶은 것입니다.

　이 책은 나 혼자만 알기보다는 살아가면서 누군가와 함께 나누고 실천하고 싶은 삶의 이야기입니다.

　보이는 물질적인 것을 추구하기보다는 보이지는 않지만 더 중요한 가치를 깨닫기 위해 노력하는 사람이 더 행복한 사람이고, 성공이란 사회적 지위나 뜻한 바를 이루는 것을 말하나 인생의 목표는 궁극적으로 행복해지기 위한 것이므로 비록 사회적 지위를 얻지는 못했을지라도 행복하다면 이미 반쯤은 성공한 것으로 간주해 볼 수 있습니다. 모든 것을 다 얻고 이루어도 행복이 없다면 성공도 무의미한 것이 아닌가 합니다. 지치고 힘든 삶이지만 행복을 느낄 때 나는 성공에 다가가는 사람이 될 수 있고, 부족한 사람이지만 진지한 태도로 인생을 살아갈 때 가장 사람다운 삶을 살아가는 것이 아닌가 합니다.

　지금처럼만 산다면 나는 행복한 사람인지, 행복해서 반쯤은 성공한 삶을 살고 있는지 그리고 사람답게 살기 위해 노력하고 있는 것인지 한 번쯤 진지하게 되돌아보고, 먼 훗날에도 후회하지 않고 성공한 사람으로, 행복한 사람으로, 사람다운 사람으로 잘 살았다고 자부할 수 있도록 살아가고자 합니다.

　여러분 영혼의 성숙과 발전에 조금이라도 보탬이 되기를 바라며, 이 책을 읽는 모든 사람들마다 인생의 복을 받아 잘 사시기를 기원드리겠습니다.

2010. 8. 15.

박성수

■ Contents

나는 행복한 사람인가요

생명의 본질은 물 ▪ 15

지구라는 농구공 ▪ 20

하늘과 땅 ▪ 22

받는 사랑이 더 큰 사랑이다 ▪ 23

인생의 꽃 ▪ 25

우주는 음양의 세계 ▪ 26

우주와 인간은 서로 호흡한다 ▪ 28

인간은 어쩔 수 없는 욕망의 상징 ▪ 32

천국과 지옥은 마음 하나 차이 ▪ 35

마음이 곧 종교 ▪ 37

생각은 인생의 씨앗 ▪ 40

인생은 말한 그대로 되돌아오는 메아리이다 ▪ 42

정직한 자에게 희망을 주는 인과의 법칙: 인과응보 ▪ 45

때를 아는 사람만이 자연에 순응하는 삶을 살 수 있다 ▪ 48

때에 맞게 사는 삶 ▪ 51

나는 현재에 존재한다 ▪ 53

나는 성공한 사람인가요

내 인생은 나의 것 ▪ 57

목적의식과 목표를 가지고 살아가자 ▪ 60

안되면 내 탓, 잘되면 조상 탓 ▪ 63

인생의 필수과목 '3고(쓰리고)' 수업을 잘 받자 ▪ 67

이별은 곧 축복 ▪ 70

운명을 벗어날 수 있는 지혜를 알아야 한다 ▪ 71

처세의 지침–사리와 도리가 있다 ▪ 74

내 인생 최고의 고객은 내 곁에 가까이 있는 사람들 ▪ 77

인간관계의 핵심은 신뢰, 만족, 몰입의 '관계의 질'을 높이는 것 ▪ 81

'일'이야말로 인간관계에서 먼저 주어야하는 선물(先物)이다 ▪ 93

많이 담기 위해서는 항상 비워야 한다 ▪ 98

사소한 것이 중요한 것이다 ▪ 101

사소한 일 ▪ 104

나를 밝게 비추면 향기가 난다 ▪ 105

돈보다 시간을 절약하자 ▪ 109

위대한 힘–반복 ▪ 112

인내 없이는 성공도 없다 ▪ 116

인내 ▪ 121

조금만 더 인내하자 ▪ 123

행복과 성공 ▪ 125

나는 사람답게 사는 건가요

예측할 수 없는 미래, 꿈이라도 잘 꾸자 ▪ 129

마이너스가 있는 사고방식을 조심하자 ▪ 132

일상생활은 깨달음을 얻기 위해 수행하는 곳이다 ▪ 135

인생 ▪ 138

베푸는 것이 곧 수행이다 ▪ 139

사랑도 '소유' 아닌 '존재'가 되어야 한다 ▪ 144

공부 잘하는 사람보다는 남을 배려하는 사람이 되자 ▪ 147

생일 엽서 Happy Birthday ▪ 149

행복을 위해 낮은 곳을 바라보자 ▪ 150

남의 일도 내 일처럼 ▪ 153

큰 행운을 바라기보다는 복을 먼저 쌓자 ▪ 156

베푼 것보다 항상 적게 받는다고 생각하자 ▪ 160

물 흐르는 대로 살자 ▪ 163

인연(1) ▪ 165

좋은 인연을 만드는 법 ▪ 166

인연(2) ▪ 167

생활의 윤활유, 유머를 즐기자 ▪ 168

많이, 크게 그리고 자주 웃자 ▪ 171

눈물은 감동, 내 인생의 브라보를 외치자 ▪ 175

시작보다 끝의 아름다움 ▪ 178

나눔으로 남을 배려하고, 남에게 받은 은혜는 꼭 갚자 ▪ 180

나와 너의 차이를 인정하자 ▪ 183

마음을 비운다는 것의 의미 ▪ 185

적어도 남에게 피해는 주지 말자 ▪ 187

중독에서 벗어나려거든 강력한 탈출구를 만들어야 한다 ▪ 189

상즉인(商卽人), 인즉신(人卽信) ▪ 196

인사의 원칙 - 적재적소, 인사가 만사다 ▪ 201

마음 됨이가 좋아야 정말 인재다 ▪ 213

용서하며, 받으며 살자 ▪ 215

용서는 자유입니다 ▪ 221

건강에도 투자를 해야 한다 ▪ 223

잠깐(썰렁) 유머 ▪ 226

어려울수록 살아야 할 이유를 찾자. ○○때문에라도 끝까지 살아 보자 ▪ 227

기업에도 수명이 있다 ▪ 235

나의 생활신조, 배우고(知) 다스리고(德) 실천(體)한다 ▪ 241

행복은 '지금 이 순간에' 마음껏 누리는 것 ▪ 244

순수한 삶 ▪ 248

나는 행복한 사람인가요

깨닫기 위해 노력하는 사람이 행복한 사람입니다

돈 많은 부자이기보다는 한순간이라도 깨달은 자로 살고 싶다

생명의 본질은 물

　그리스 최고의 학자이며 서양철학의 창시자라고 볼 수 있는 탈레스는 우주의 본질을 '물'이라고 보았습니다. 그가 본체로서 제창한 '물'은 상수학이 주장하는 운동의 본체와 동일한데, 1로 시작한 자연수는 9까지 가서는 다시 1과 0으로 환원된다는 것입니다.

1, 2, 3, 4 …… 9, 10

　물은 햇빛이 비치면 증발하여 수증기가 되지만 구름이 되었다가 때가 되면 비가 되어 내립니다. 또한 기온이 내려가면 얼음이 되기도 합니다. 수증기, 얼음, 빗방울은 모습은 변할지언정 물이라는 본질에는 변함이 없습니다.

　이렇듯 물에는 그 본질이 변하지 않는 영원성(永遠性)과 스스로 움직이는 자동성(自動性)이 있고 그리고 액체, 기체, 고체로 모습을 바꾸는 변화성(變化性)을 갖추고 있습니다.

지구에 있는 물의 양은 약 13억 8,500만 톤 정도이며, 이 중 바닷물이나 육지 등 지표면에 있는 물이 태양열을 흡수하여 약 1만 3,000톤에 달하는 수증기가 되어 대기 속에 확산하고, 그 수증기는 응축되고 모여서 구름이나 안개가 되고, 다시 비나 눈이 되어 지표면에 내린 다음 모여서 하천이 되어 바다나 호수로 흘러갑니다. 이것을 물의 순환이라고 합니다.

물 분자는 H_2O, 즉 산소 한 개의 원소와 수소 2개의 원소가 104.5도의 각도를 가지고 입체적으로 연결된 분자입니다. 미국에서 슈퍼컴퓨터로 시뮬레이션화한 것에 의하면 물 분자는 1조 분의 1초라는 극히 짧은 시간에 이합집산을 되풀이한다고 합니다. 이 점에서 중요한 것은 '물은 동적 구조를 갖고 있다'는 것인데, 파동 이론에 기초하여 세계 최초로 물의 결정체를 촬영한 일본의 에모토 마사루 박사는 오랫동안 물과 파동에 대한 연구를 해 오다 물 결정 연구의 필요성을 발견하게 되었고, 그것을 바탕으로 5년간의 연구 끝에 물 결정 사진을 찍는 데 성공하였다고 합니다.

이 책에서 보여 주는 '물'의 결정체는 정말로 놀라운 그 자체였습니다. 물에 말을 들려주고, 글씨를 보여 주고, 음악을 들려주었을 때 물이 각기 다른 결정을 보여 주고 있었는데, '사랑, 감사'라는 긍정적인 글을 보여 준 물에서는 완전한 아름다운 육각형 결정이 나타났지만, '멍청한 놈', '바보', '짜증 나, 죽여 버릴 거야' 등과 같이 부정적인 글에는 결정체가 일그러진 형상이 나왔습니다. 또한 어떤 물도 같은 상태를 거쳐 물이 되는데, 얼어서 결정이 되었다가 온도가 상승함에 따라 물로 돌아가기 직전의 어느 한순간(−5℃에서 0℃ 사이)에 있어서 물이 '수(水)'라는 한자와 똑같은 모습을 보여 주고 있습니다. 옛날 사람들은 어떻게 이러한 사실을 알고 글자를 만들었을까 감탄하지 않을 수 없습니다.

좋은 물, 나쁜 물, 즉 물에 대한 정보는 눈으로 쉽게 볼 수 없지만, 물에도 생명이 있음을 발견한 것입니다.

인간의 수정란은 100%가 물이며, 신생아는 85% 그리고 성장이 멈추는 24세 전후에는 70%가 수분으로 구성되어 있습니다. 이후 나이가 들수록 계속 수분비율이 떨어지면서 인간 신체의 물의 비율은 50% 정도까지 줄어들게 됩니다.

그래서 어린 아기의 피부는 보드랍고 연하며 시간이 지나면서 피부는 거칠어집니다. 사춘기에 여자는 초경을 시작하며 나이가 들면서 40~50대 이후에는 배란 및 여성호르몬의 생산이 더 이상 이루어지지 않는 폐경이 찾아옵니다. 사람이 늙는다는 것을 몸에서 수분이 빠져나가는 현상으로 정의해 보면 어떨까요. 실제로 노인들의 피부는 습기가 없는 건성이며, 죽은 사람의 몸은 물기가 전혀 없는 마른 생선과도 같이 딱딱하게 굳어져 버립니다.

인간은 불과 몇 분 동안만 산소 공급을 받지 못하면 죽습니다. 물도 마찬가지로 수일 동안 물을 공급받지 못하면 역시 사람은 죽습니다. 우리가 생명을 유지하기 위해서는 매일 2ℓ가량의 물을 섭취해야 하며 체내의 물이 5% 정도만 부족해도 우리 몸은 탈수 상태에 빠지고, 12% 이상 모자라면 생명을 잃게 됩니다.

만물의 근원을 물이라고 생각한 그리스의 철학자 탈레스처럼 사람들은 오래전부터 물을 공기와 더불어 생명을 유지하는 가장 기본적인 요소로 생각했습니다.

세계보건기구(WHO)에서는 암, 간염, 당뇨, 고혈압, 변비 등 질병의 80%가 물 때문이라고 선언했고, 예로부터 물은 모든 질병의 80%를 고칠 수 있다고 했습니다. 어류는 약 80%, 그 밖에 물속의 미생물은 약 95%가 물로 구성되어 있습니다. 물은 모든 생물들에 있어서 생명의 근원이 되는 것입니다.

바다 해(海) 자는 뜻을 나타내는 삼수변(氵)의 물(水)과 음을 나타내는 每(매)가 합하여 이루어진 글자입니다. 옛날에 출산과 결혼은 어두운 것과 관계가 있어 每(매)는 어둡다는 뜻도 나타내고 있으며, 애를 낳는 어머니(母)를 포함하고 있는 모습입니다.

아기가 자랄 수 있는 자궁 안 양수의 양은 임신 말기를 기준으로 600~1,000mℓ 정도로 바닷물의 성분과 비슷하며 또한 인간의 혈장(血漿) 성분과 바닷물 성분도 많이 닮았다고 합니다. 이것은 바다가 인간의 본향이고 어머니임을 말해 주는 것이라 할 수 있습니다. 실제 생명을 유지하는

데 필요한 산소의 70%를 바닷물 속에 사는 녹조가 생성한다고 합니다.

요즘 젊은 사람들 사이에는 만남의 장소와 같이 사람들이 많이 모인 곳에서 흔히 멋있고 맘에 드는 사람들이 모여 있을 때 '물 좋다'고 표현합니다. 물론 나이트와 같은 유흥주점에서와 같이 약간 끼 있는 사람들 사이에서는 두말할 것도 없지요. 우리 민족은 예나 지금이나 공부를 잘하는 사람이나 끼가 많은 사람이나 생명의 원천이 물임을 생활 속에서 느껴 왔던 것입니다.

좀 이상하게 생각할지는 모르지만 엄마, 아빠의 사랑으로 탄생한 나는 사랑하는 감정(정신)에 두 가지의 물(질)이 더해져 생명(존재)으로 탄생한 것으로 본디 정자와 난자였으므로 알고 보면 사람은 분명 물인 것입니다.

생명도 물이요, 인생도 물인 셈입니다. 물로 시작해서(生) 물로 끝나는 것(死), 그리고 때가 되면 수증기가 되었다가 비나 눈으로 다시 순환하는 것, 그것이 인생이 아닐까 합니다.

지구라는 농구공

청소년기에 누구나 농구공을 가지고 손가락 위에 올려 놓고 농구공을
돌려 본 기억이 있습니다.

한두 번 연습하다 보면 곧잘 돌기 때문에 누구나 습관적으로 돌리곤 했
는데,

아무런 사심도 없이
다만 돌기 위해 돌아가는 농구공.

그렇다면 지구는 왜 돌아가는 것일까요.
무엇을 위해 돌아가는 것일까요.

누군가에 의해 태어난 사람,
왜 인생은 돌아가는 것일까요.

지구와 인생은 누군가 돌려 놓은 농구공
다만 돌기 위해 돌아가는 것은 아닐는지……

하늘과 땅

우리는 땅에 발을 딛고 하늘을 보고 산다.

땅은 평평하고 하늘은 둥글다.

그러나

지구는 둥글고, 우주 공간에 떠 있는 것

우리는 이런 사실을 정말로 잊고 산다.

받는 사랑이 더 큰 사랑이다

밤하늘의 별은 밤에만 뜨는 것이 아니다.
어둠을 밝히는 태양도 낮에만 뜨는 것이 아니다.

태양은 비가 올 때도 떠 있다. 다만 구름에 가려 보지 못할 뿐이고,
달과 별은 태양이 너무 밝아서 보이지 않을 뿐이다.

사랑이란 단어에는 수많은 감정이 들어 있다.
믿음, 느낌, 원망, 그리움, 동정 등
그러나 사랑은 단어 그 자체일 뿐,
살면서 그저 느끼고 표현하는 것이어야 한다.

주는 사랑이 위대한 것 같지만 받는 사랑이 더 큰 사랑이다.
주는 사랑은 나를 채우려 하기 때문에 집착과 욕망에 사로잡히기 쉽다.
반면, 받는 사랑은 상대를 채운다.

모름지기 식물이 태양을 잘 받아야 잘 사는 것처럼
사랑도 받아야 잘 살 수 있다.

인생의 꽃

인생의 꽃은
때가 오면 피고
때가 가면 지는 것인데
왜 먼저 피려고 발버둥을 치는 것일까.

꽃은 결국 지기 위해 피는 것
빨리 핀다고
오래 피어 있을 수는 없는 것인데,

모름지기 인생의 꽃은 제철에 피고
제때에 지어야 자연스럽다.

우주는 음양의 세계

하늘에는 해와 달이 있습니다.

땅은 바다와 육지로 구분할 수 있습니다.

사람은 여자와 남자로 구분할 수 있습니다.

동물은 수컷과 암컷으로 구분할 수 있습니다.

숫자는 홀수와 짝수가 대조를 이루며 순환하고 있습니다.

하루는 낮과 밤의 대조를 이루며 순환하고 있습니다.

일 년은 여름과 겨울이 대조를 이루며 순환하고 있습니다.

부드러운 것과 딱딱한 것이 있습니다.

잘게 쪼개 보면 물질은 핵(+)과 원자(−)로 이루어져 있습니다.

보이는 세계와 보이지 않는 세계가 있습니다.

공기는 보이지는 않으나 존재하고, 보이지는 않으나 에너지도 존재하고 있습니다.

　이렇게 우리 주변에 존재하는 만물은 모두 짝을 이루고 순환하고 있습니다.
　이를 음양이라 합니다.

　빛과 그림자가 홀로 존재할 수 없듯이 음과 양은 홀로 존재할 수 없습니다.
　하루도, 일 년도, 한 사람의 일생이나 한 나라의 흥망성쇠도, 정치, 경제, 사회, 문화도 이 음양의 이치로 대조를 이루며 순환하며 존재합니다. 그래서 음양은 존재법칙이며, 시간의 순환법칙이라 할 수 있습니다.

　우주에서 삼라만상의 무궁한 변화를 일으키고 있는 것은 음과 양의 두 기운이 지닌 바의 작용으로 인하여 일어나는 현상으로 봅니다.

　이를 들어 옛 성인은 '일음일양지위도(一陰一陽之謂道)'라 하였습니다. 음양이 순환하는 이치가 바로 도(道)의 세계라 하였던 것입니다.

우주와 인간은 서로 호흡한다

우주론(Cosmology)이란 본체가 어떠한 존재냐 하는 것을 묻는 것이 아니라 우주의 삼라만상이 어떻게 변화하느냐 하는 변화현상을 연구하는 학문인데, 우주에서 삼라만상이 무궁한 변화를 일으키고 있는 것은 음과 양이라는 이질적인 두 기운이 지닌 바의 작용으로 인하여 일어나는 현상으로 봅니다.

우주는 멈춰 있지 않고 변화하는데, 우주가 이와 같이 변화작용을 하지 않을 수가 없는 것은 그와 같이 추진하는 본체가 있기 때문입니다.

은하계 내에만도 거리는 멀다 하더라도 그 크기가 태양이나 달에 비하여 어마어마하게 큰 1천억 개가 넘는 태양계와 같은 항성의 성군과 별이 있으며, 우주 전체에는 1천억 개가 넘는 은하계와 같은 성단이 존재한다고 합니다.

우리가 사는 은하계에만도 해와 달, 5행(목성, 화성, 토성, 금성, 수성)이 있어 예부터 성인들은 하늘을 '5운'으로, 땅을 '6기'로 구분하였습니다.

지구에는 태평양, 대서양, 인도양, 북극해, 남극해의 '5대양'과 '6대주'로 구성되어 있습니다. 지구의 표면은 살아 있어 끊임없이 바람이 불고, 물이 흐르고 있습니다. 또 지구의 내부에는 지진과 화산활동이 일어납니다.

우리의 몸은 정신활동을 주재하고 지배하는 '5장'과 수곡(水穀)을 소화시키고 음식물의 영양분이 흡수되고 남은 찌꺼기를 받고 내보내는 '6부'로 구성되어 있는데, 인체의 활동은 음과 양으로 이루어진 장과 부의 상호 간 유기적 연관관계 위에서 전개되는 것으로 이해되고 있습니다.

우주의 5운 6기, 지구의 5대양 6대주, 인간의 5장 6부는 서로 유기적인 연관관계가 있습니다. 그래서 옛부터 우주와 인간은 같은 속성이어서 인간을 소우주라고 하였나 봅니다.

태양의 지름은 약 130만km로서 달 지름보다 400배 크며, 지구에서 1억 5,000만km 떨어져 있는 태양은 달과 지구의 거리 38만 4,400km보다 400배 정도 멀리 떨어져 있습니다. 그래서 달에 의해 태양이 완전히 가려지는 개기일식 현상이 나타납니다.

달은 태양보다 질량은 작지만 훨씬 더 가깝기 때문에 태양보다 지구에 미치는 영향력이 큽니다. 수학적으로 계산해 보면 밀물과 썰물이 일어나는 조석에 미치는 달의 영향력은 태양의 두 배 이상이 된다고 합니다. 그렇기 때문에 달이 매일 약 50분씩 늦게 뜨는 것에 맞추어 만조 시간도 매일 그만큼씩 늦어집니다.

사람을 포함한 포유류의 70%가 수분으로 구성되어 있습니다. 마찬가지로 우리가 사는 지구 역시 표면적의 70%가 물로 구성된 행성입니다. 바닷물의 염분은 2%이며, 몸에서 나오는 땀의 염분도 2%입니다.

인간의 머리는 하늘을 닮아 둥글고, 두 발은 땅을 닮아 평평합니다. 지구에 산맥과 지맥이 있듯 사람 몸에는 뼈와 뼈마디가 있고, 강줄기가 있듯이 사람 몸에는 핏줄이 있습니다. 또한 지구상에 초목이 있듯 사람 몸에는 털이 있습니다. 1년은 365일이므로 사람의 몸에는 365개의 기혈이 있고, 24절기가 있는 고로 사람의 척추 뼈는 24개입니다. 태양계 중심에는 태양(불)이 있고 지구중심에는 높은 온도의 지구핵(불)이 있듯이 인간의 신체 가운데는 심장이 있습니다. 지구의 자전축이 기울어져 있어 4계절의 변화가 생기듯, 심장도 인체의 정중앙에 있지 않고 왼쪽으로 기울어져 있어 인간에게는 4가지 체질이 있습니다.

인체 내의 기(氣)와 혈(血)은 해와 달의 작용(태양에너지와 달의 에너지)에 의해 고동치며, 여성의 월경과 바다의 조수는 달에 의해 결정됩니다. 여성의 생리와 피부의 재생주기는 28일이며, 인간 바이오리듬의 감정리듬도 28일로 같습니다.

체내의 혈액이 달의 인력에 움직여 그믐과 보름에 생리가 시작되는 여성이 많은 것과 보름에 출산이 많이 이루어지는 것은 인간의 신체에 달이 영향을 미치기 때문으로, 달의 인력이 큰 그믐과 보름 때는 신경의 긴장이 고조되므로 잠자리가 불편해지고 달의 인력이 약해지는 상현, 하현달에는 신경의 긴장이 풀려 교통사고를 일으킬 확률이 높아지는 것은 우연이 아닙니다.

파도는 1분에 18회를 치는데, 사람의 호흡도 1분에 18회가 되고, 이것을 2로 곱하면 우리의 체온(36)이 되고 체온을 2로 곱하면 인간 평균 맥박의 숫자(72)가 되며 맥박을 2로 곱하면 144로, 여기에 10을 곱하면 하루(1,440분)가 됩니다.

1986년 영국의 뉴사이언스 과학 잡지는 우주의 모든 별자리를 컴퓨터에 입력시키면 사람 모양을 하고 있다고 발표하였습니다. 우주에 있는 별의 숫자가 인간 몸 세포의 숫자와 비슷하고, 실제로 천체의 별자리 모양도 사람이 서 있는 모양을 하고 있다니 놀라지 않을 수 없습니다. 사람이 서 있는 모습 그대로를 확대하면 진짜로 우주의 모습이 되는 것입니다.

밀물에 들이쉬고 썰물에 내쉬는 것처럼 우주와 지구, 인간은 이렇게 함께 호흡하고 있는 것입니다.

인간은 어쩔 수 없는 욕망의 상징

인간의 실상에 대해 석가모니는 다음과 같은 이야기를 했다고 합니다.

깊어 가는 가을 어느 날, 차가운 바람을 맞으며 한 나그네가 급히 집을 향해 걸어가고 있었습니다. 문득 발아래를 굽어보니 하얀 것이 잔뜩 쌓여 있었습니다. 자세히 보니 그것은 사람의 뼈였습니다. '왜 이런 곳에 사람의 뼈가 있는 것일까?' 하며 왠지 이상하고 으스스한 생각이 들었지만 계속 갈 길을 재촉하였습니다. 그렇게 얼마 가지 않았는데 앞에서 커다란 호랑이 한 마리가 이빨을 보이고 으르렁거리고 있었습니다. 나그네는 너무 놀라 기겁을 했습니다. 순간, '그렇구나, 이 뼈는 저 호랑이가 먹어 치운 사람들의 것이구나'라는 생각에 미치자 재빨리 발길을 돌려 오던 길로 도망치기 시작했습니다.

그러나 길을 잘못 들었는지 한참 도망을 가다 절벽에 맞닥뜨리게 되었습니다. 낭떠러지 아래에는 거친 풍랑이 이는 바다가 있고, 뒤로는 호랑이가 버티고 있었습니다. 진퇴양난에 빠진 나그네는 벼랑 끝에 있는 한 그루

소나무 위로 뛰어올랐습니다. 호랑이는 발톱 끝을 세워 소나무를 향해 달려들었습니다. ‘이대로 끝인가’ 하는 생각이 들었지만 나그네는 마지막 남은 힘을 다해 옆에 있는 나무 넝쿨을 타고 아래로 내려가기 시작했습니다.

그러나 나무 넝쿨은 도중에 꺾어져 버렸고, 나그네는 허공에 매달린 꼴이 되어 버렸습니다. 위에서는 호랑이가 침을 흘리며 노려보고 있었습니다. 또 아래에서는 거센 파도가 일고 있고, 빨강·검정·파랑 색깔의 세 마리 용이 금방이라도 떨어질 것 같은 나그네를 받아먹으려고 기다리고 있었습니다.

그 와중에 위쪽에서 이상한 소리가 들려 올려다보니 나무 넝쿨의 뿌리를 하얀 쥐와 검은 쥐가 함께 갉아 대고 있었습니다. 그대로 두면 넝쿨이 끊어져 나그네는 입을 벌리고 있는 용들 쪽으로 금방 떨어질 수밖에 없었습니다.

그 순간 나그네는 어쨌든 쥐들을 쫓아야 한다는 생각에 나무 넝쿨을 흔들었습니다. 그랬더니 어떤 액체가 뺨에 떨어졌습니다. 핥아 보니 달콤한 벌꿀이었습니다. 넝쿨의 뿌리 쪽에 벌집이 있어 흔들 때마다 꿀이 떨어진 것이었습니다.

나그네는 그 달콤한 꿀맛에 빠져들었습니다. 호랑이와 용의 위협 속에 단 하나 의지가 되는 넝쿨을 쥐가 갉고 있다는 절체절명의 상황을 까맣게 잊어 버렸습니다. 나그네는 그렇게 계속해서 하나뿐인 명줄을 흔들었고, 떨어지는 맛있는 꿀을 받아먹기에 여념이 없었습니다.

석가모니는 이러한 것이 욕망에 사로잡힌 인간의 실상이라고 말했습니다. 사면초가의 심각한 위기 상황에 쫓기면서도 달콤한 꿀맛을 보고는 참지 못하는 것이 어쩔 수 없는 인간의 본성이라고 했습니다.

이 이야기에서 호랑이와 용은 죽음과 질병을 상징합니다. 또 소나무는 이 세상에서의 지위나 재산, 명예를 상징하며, 하얀 쥐와 까만 쥐는 낮과 밤, 즉 시간의 경과를 상징합니다.

인간은 끊이지 않는 죽음의 공포에 시달리면서도 생(生)에 매달립니다. 그러나 그것은 넝쿨 하나 정도밖에 되지 않는 약한 것에 불과합니다. 또한 그 넝쿨도 시간의 흐름에 따라 쥐가 갉아 대듯이 닳아 없어지고 마는 것입니다.

인간은 나이를 먹으면 죽음을 피할 수 없는데, 자신의 수명과 생명을 스스로 줄이면서까지 '꿀'을 탐하는 욕망의 존재인 것입니다.

천국과 지옥은 마음 하나 차이

모든 종교에서는 천국과 지옥을 다 인정하고 있습니다. 세계 3대 종교라는 기독교, 이슬람, 불교에서도 천국, 극락 등 표현의 차이가 있을 뿐 모두 그 존재를 인정하고 있습니다. 그러나 지옥은 아주 옛날에 실제로 있었던 감옥의 이름이었다고 하니 혹 권력을 가진 정치인들이 인간들을 착하게 살도록 만들기 위해 만들어 낸 상상의 세계가 아닐까 합니다.

천국과 지옥을 주제로 한 유머들이 많습니다. 그중 천국과 지옥의 모습을 잘 표현하는 유머가 있습니다.

천국과 지옥에는 똑같이 커다란 가마솥이 있고 거기에는 똑같이 맛있는 음식이 있다고 합니다. 그런데 그 음식을 먹기 위해서는 긴 수저를 사용해야 하는 규칙이 있다고 합니다.

지옥의 모습은 모두 자기가 먼저 먹으려고 앞다투어 수저를 가마솥에 넣고 음식을 집으려고 하지만, 기다란 수저 때문에 입을 댈 수가 없어 결국 다른 사람이 어렵게 집은 음식을 뺏으려고 다투고 싸워 아무도 음식을 먹지 못한다고 합니다.

이에 반해 천국에서는 누군가 자신의 긴 수저로 음식을 집으면 가마솥의 건너편에 있는 사람의 입에 대 주면서 "당신이 먼저 드시오" 하며 먹여 주고 또 그것을 먹은 사람은 "고맙습니다. 다음은 당신 차례입니다" 하며 상대에게 또 먹여 준다고 합니다. 그래서 모두가 화기애애하게 음식을 먹을 수 있어 서로 만족하며 살아간다고 합니다.

위와 같이 같은 조건, 같은 환경에 살더라도 남을 배려하는 마음을 가지고 있는가 아닌가에 따라 그곳이 천당이 될 수도 있고, 지옥도 될 수 있습니다.

내가 살고 있는 이곳 역시 마음먹기에 따라서, 행동하기에 따라서 천국과 지옥으로 순식간에 변할 수 있습니다. 가정에서 부모님 말씀을 듣지 않으면 바로 회초리를 맞을 수도 있을 것이며, 사회에서 도둑질을 하면 바로 감옥에 붙잡혀 가게 될 것입니다. 반면 직장에서 상사나 동료들에게 양보하고 좋은 일을 하면 금방 웃음꽃이 피어날 수 있습니다. 당장 내가 마음먹기에 따라 지금 있는 곳을 천국으로도, 지옥으로도 만들 수 있습니다. 이 세상에서는 행복과 불행이, 천국과 지옥이 따로 있지 않습니다. 행복도, 불행도 모두 마음먹기에 달려 있는 것입니다.

마음이 곧 종교

종교의 궁극적인 목표는 죽음 이후에 잘 사는 것이지, 지금 이 세상에서 잘 사는 것은 아닌 것 같습니다. 또 현재보다는 미래에 더 중심을 두는 것 같습니다.

불교에서 말하듯 윤회와 환생을 통해 다시 태어나는 것이 진리라면 예수님도 환생했을 것이고, 부처님도 윤회와 환생을 거듭했을 것입니다. 그렇다면 그분들은 그 이후 다른 곳에서 새로운 이름으로 태어나 새로운 나라, 새로운 도시에서 전혀 다른 사람으로 살았을 것입니다.

우리는 지금도 수천 년 전 공자님 말씀과 석가모니 말씀, 2천 년 전 예수님을 믿고 따르며 살고 있습니다. 그 시대의 말씀과 가르침이 현재에도 여전히 생명력을 가지고 있는 건 사실입니다. 그러나 우리는 역사에 사로잡혀 너무 과거에 연연해하며 살아가지 않는지 모르겠습니다. 단어 그대로 살아계신 하나님이라면 하늘에 계신 하나님일 수도 있지만 윤회와 환생을 통해 태어난 지금의 하나님일 수도 있어야 하는데도 말입니다.

성경이나 불경 등에 분명히 그 하나님이 나중에 다시 재림하신다 하셨
으나, 종교를 믿는 사람들 중 아마도 그 하나님이 지금 다시 태어났다고 한
다면 이단이나 사이비 종교 정도로 치부해 버리지나 않을는지, 과거 수천
년의 보이지 않는 왜곡된 역사는 무조건적으로 믿으려 하는 반면 현재 살
아 있는 보이는 성인들은 보이지 않는 것이 사람인가 봅니다.

우리는 예수님, 부처님, 공자님 등 많은 성인들과 사람들이 환생, 윤회를
거듭하여 살고 있다는 것을 정녕 모르고 살아가고 있습니다.
그래서 종교 생활에서 이단이니 정통이니 하며 사소한 것으로 목숨을
거는 현상도 생기게 되고, 죽음 이후 천당이나 극락을 가기 위해 더 열심히
빠져드는 것은 아닌지 모르겠습니다. 어떻게 되는 것인지 모르기 때문에
죽음은 더욱 두려운 것인지도 모르겠습니다.

자연의 세계에는 수많은 신들이 존재한다고 합니다. 인간의 세계에 왕이
있듯이 신들의 세계에도 가장 높은 신이 있을지도 모르겠습니다. 하지만
그 많은 신들 중에 누가 정말로 진짜 하나님인지 어떻게 맞힐 수 있을까요.
지구에만도 60억 인구가 존재합니다. 흑인, 백인, 황인이 있어 그 색깔과
모습, 말은 다르지만 모두가 인간입니다. 만약 동물들이나 곤충들 사이에
서 어느 것이 참인간이냐고 묻는다면 무엇이라고 대답할까요. 인간이 볼
때는 모두가 각기 얼굴색깔, 생긴모양, 언어는 다르지만 모두가 인간입니
다. 그러나 아마도 사람보다 덜 발달된 동물들이나 곤충들이 볼 때는 '흑인
이 진짜 사람이다' 아니 '백인이 진짜 사람이다'라고 각기 다르게 말할 것

입니다. 마치 코끼리 다리를 만져 보고 코끼리라고 하는 것처럼 말입니다. 그래서 이러한 동물이나 곤충들은 우리 인간들이 직접 가르쳐 주지 않는 이상, 아니 어쩌면 가르쳐 주더라도 우리 인간들의 세계를 절대로 깨닫지 못할 것입니다. 마찬가지로 전능하신 하나님이 우리를 발견하고 알려 주지 않는 이상, 인간의 제한된 능력으로 참하나님을 구별하기란 불가능한 일일 수도 있습니다.

깨달으면 부처요, 모르면 중생이며, 깨달으면 하나님의 아들이요, 모르면 죄인인 것과 같이 깨달음에 따라 이 세상이 천국과 지옥, 부처와 중생이 결정되는 것이라면, 이 모든 것들은 살아 있는 나의 마음이 지어 내는 것으로, '종교는 곧 마음'이 아닐까 합니다.

생각은 인생의 씨앗

불교에 "사념(思念)이 업(業)을 만든다"라는 가르침이 있습니다. 업이란 카르마(Karma)라고도 하며 현상을 만들어 내는 원동력으로, 즉 생각한 것이 원인이 되며 그 결과가 현실이 되어 나타난다는 것입니다.

불전에서 염력(念力)이란 '오력(五力)' 중의 하나로 근육이나 물리적 에너지를 매개로 하지 않는 조건 아래서 사념을 집중하는 것만으로 물질계에 직접 영향을 주는 것을 말하는데, 일례로 주사위를 던졌을 때 목표로 미리 설정한 주사위의 눈이 통계적으로 보아 우연기대치보다 의도적인 쪽으로 많이 나오는 것과 같습니다.

얼마 전 SBS 방송(「놀라운 대회 스타킹」)에서는 염력으로 멀쩡한 빈 콜라병을 한순간에 산산조각을 내서 참석한 연예인과 방청객들이 경악을 금치 못한 적이 있었는데, "마음속으로 병이 깨진다고 상상하면 진짜 깨진다"라고 하고 빈 콜라병을 쥐어 줬는데 잠시 후 정말로 콜라병이 깨졌던 것입니다. 또한 50장의 카드 중 한 장의 카드를 고르고 마음속으로 생각만

했을 뿐인데 참석한 연예인과 방청객 모두가 단 한 번에 그 카드를 맞혀 버렸던 것입니다.

우주에는 모든 것을 순리대로 진화, 발전시키는 보이지 않는 힘이 존재한다고 합니다. 그것을 우주의 의지라고 말하기도 하는 데,『최후의 초염력』의 저자 이시이카타오는 우주 에너지의 마음이란 타인을 위해 사는 정신, 그것이 초염력의 위력을 더해 준다고 하였습니다. 모두를 생각하는 이타심과 사랑의 마음으로 노력을 지속하면, 우리가 비행기를 타기만 하면 하늘을 날아 목적지에 도착할 수 있는 것과 같이 인생에서도 성공과 번영을 누릴 수 있다는 것입니다.

최근 IT 업계에 '애플발 모바일 혁명'이 거세게 일어나고 있습니다. 아이폰과 아이패드가 등장해 세계 시장을 주름잡고 있습니다. 애플의 최고경영자인 스티븐 잡스의 '상상력'이 애플 혁명의 중심지라고 하는데, 상상력의 힘이 최고의 기업을 만들고 이 세상을 변화시키고 있는 힘이라고 합니다. 실제로 생각 하나로 이 세상을 변화시키고 있는 것입니다.

무엇인가를 이루고자 한다면 실행하기에 앞서 생각하는 것이 먼저입니다. 그런 의미에서 생각은 인생의 씨앗이며, 최초이자 가장 큰 힘이 되는 것입니다. 우리가 살면서 바라고 이루고 싶은 것이 있다면, 먼저 생각으로 잘 그려 보아야겠습니다.

인생은 말한 그대로 되돌아오는 메아리이다

　‘질량보존의 법칙’이란 라부아지에가 1772년에 발견한 것으로 어떤 변화(화학반응)가 일어날 때 변화가 일어나기 전 물질의 총질량과 변화가 일어난 후 생성된 물질의 총질량은 서로 같다는 것입니다.

　한편, 어떠한 결과는 반드시 그 결과 이전에 원인이 있다는 인과의 법칙이 있습니다. 이 인과관계는 필연적 법칙 아래서 이루어진다고 보아서 이것을 인과율이라고 하기도 하는데, 우리가 산에 가서 ‘야호!’ 소리를 지르면 잠시 후 ‘야호!’라고 되돌아오는 메아리와 같다고 할 수 있습니다.

　메아리는 소리치는 대로 돌아옵니다. ‘나는 당신이 미워요’라고 말하면 메아리도 ‘나는 당신이 미워요’라고 대답합니다. ‘바보!’ 하면 ‘바보!’, ‘미안해’ 하면 ‘미안해’라고 대답합니다. 가까운 곳에서는 빨리 돌아오고 먼 곳에서는 천천히 돌아오는 메아리가 중요한 것은 내가 먼저 말한 것이라는 사실입니다. 즉 ‘원인이 있어 결과도 있다’는 것입니다.

불교에서 말하는 연기법이란 부모가 있어 내가 있고 내가 있어 그대가 있다는 것으로, 사랑하고 싶다면 사랑한다고 말해야 하고, 따뜻한 사람이 되고 싶다면 따뜻한 말을 많이 해야 한다는 것입니다. 잘 말하는 것이 중요한 이유는 그러한 원인들이 의식적으로나 무의식적으로 다시 메아리가 되어 나에게 되돌아오기 때문입니다.

우연이란 필연의 반대인, 즉 반드시 인과율대로 움직이지 않는 것, 즉 인과율에서 탈선할 수도 있는 것을 말하는 것입니다. 메아리가 돌아오던 중 갑자기 사라지거나 다른 언어로 바뀌어 돌아오는 경우와도 같은 것입니다. 그런 의미에서 인생에 있어 우연이란 없는 것 같습니다.

'심은 대로 거둔다'라는 속담이 있습니다. 그러나 요즘에는 하도 세상이 각박하게 돌아가기 때문에 '심는 사람 따로 있고, 거두는 사람 따로 있다'는 말이 있습니다. 그러나 그렇지 않습니다. 당장은 그런 것같이 보여도 많은 시간을 살펴보면 심은 대로 거두게 되어 있습니다.

그러기에 인생은 공평한 것입니다. 잘 살고 싶으면 좋은 일을 많이 하면 되는 것입니다. 살면서 누구에게 속아도 불평하지 않는 이유가 있습니다. 남을 속인 사람은 우주의 법칙에 따라 언젠가 속인 것에 대한 죗값을 치를 것이기 때문입니다. 그래서 속고 살아도 마음만은 편하게 가질 수 있습니다.

의식적이든 무의식적이든 이 세상에 노력 없이 성취되는 것은 없으며,

원인 없는 결과도 없습니다. 인생은 말한 그대로 되돌아오는 메아리인 것
입니다.

정직한 자에게 희망을 주는
인과의 법칙: 인과응보

사람은 각자 고유의 운명을 갖고 이 세상에 태어나 자신의 인생이 어떻게 될지 한 치 앞을 모른 채 운명이 이끄는 대로 혹은 운명에 이끌리어 살아가게 됩니다.

인생은 자신의 의사에 관계없이 '무언가'에 분명 지배당하고 있는 것이 분명합니다. 그 무언가는 인간의 생로병사, 희로애락의 물결을 주관하며 한 순간도 쉬지 않고 계속 흐르게 하여 우리를 변하게 합니다.

그렇다면 인간은 운명 앞에서 무기력할 수밖에 없는 것일까요. 결코 그렇지 않습니다. 운명의 반대편에는 우리에게 희망을 주는 또 다른 보이지 않는 커다란 손이 있기 때문입니다. '좋은 원인은 좋은 결과를', '나쁜 원인은 나쁜 결과를 낳는다'는 원인과 결과의 단순 명쾌한 법칙, 바로 '인과응보의 법칙'입니다.

인과응보란 한마디로 말해서 인간 생활은 무슨 씨를 뿌리던 결국은 그

씨의 결과를 거두어들인다는 아주 평범한 법칙이라 할 수 있습니다. 우리에게 일어나는 모든 일에는 반드시 그렇게 된 원인이 존재합니다. 그것은 다름 아닌 자신의 생각과 행동이며, 그 생각과 행위가 원인이 되어 나타나는 것입니다.

그러나 운명이란 항상 부정적인 면만 있는 것은 아닙니다. 좋은 점도 있고 나쁜 점도 동시에 갖추고 있습니다. 운명적으로 매우 나쁜 시기에 약간의 선행을 하더라도 운명의 힘이 그 선행을 없앤다면 좋은 결과가 나오지 않을 수 있습니다. 마찬가지로 운명적으로 아주 좋은 시기에 약간의 악행을 하더라도 별로 나쁜 결과가 되지 않는 경우도 종종 있습니다.

인생이 운명대로 되지 않는 것은 인과응보의 법칙이 작용하기 때문이며, 반면 좋은 행동이 반드시 금세 좋은 결과로 나타나지 않는 것은 거기에 운명이라는 전생의 업이 간섭하고 있기 때문이라고 합니다. 여기에서 중요한 것은 운명보다 인과응보의 법칙이 더 강하게 작용한다는 것입니다. 그렇기 때문에 우리는 태어날 때부터 가진 운명을 인과응보의 법칙으로 바꿀 수가 있다는 것입니다. 좋은 것을 생각하고, 좋은 것을 행하면 운명의 흐름도 좋은 방향으로 바뀌기 때문입니다.

중국의 명대 『채근담』에는 이런 말이 있습니다. "선행을 해도 그 결과가 보이지 않는 것은 풀숲 속의 참외와 같다." 즉, 선행의 결과는 사람의 눈에 보이지 않더라도 스스로 훌륭하게 성장하고 있다는 것입니다. 따라서 우리는 결과에 노심초사하지 말고, 평소 꾸준히 선행 쌓기에 힘쓰면 되겠습니다.

부처님께서는 "과거의 일을 알고자 할 때는 현재의 과보를 보고, 미래의 과보를 알고자 할 때는 현재의 행동을 보라"고 하였습니다. 인간은 본래 선한 사람, 악한 사람이 따로 없습니다. 선과 악은 그때그때의 행동에 따라서 정해지는 결과입니다.

그런 의미에서 현재의 다른 사람의 행동을 보면 그 사람의 미래를 알 수 있습니다. 현재 나의 행동을 보면 미래의 나의 모습도 볼 수 있을 것입니다.

때를 아는 사람만이 자연에 순응하는 삶을 살 수 있다

　무엇 때문에 태어나 무엇을 위해 사는지, 내 삶의 목적과 명분을 뚜렷하게 알 수 있다면 얼마나 좋을까요. 아마도 왜 사는지, 어떠한 시기를 살고 있는지에 대한 물음에 정확한 답이 있다면 우리가 인생에서 번뇌하고 고뇌하는 데 이렇게까지 많은 시간을 허비하지는 않을 것입니다.

　그동안 세상에 왔다 간 여러 성자들은 인류에게 사랑과 자비, 구원의 도덕 등을 가르쳐 왔습니다. 그러나 지금은 그것만으로 인간과 자연과 문명 속에 복잡하게 얽힌 온갖 모순과 갈등을 해결할 수는 없는 것 같습니다.

　사람들은 종교생활을 통해서 믿음을 갈구해 왔습니다. 절대자를 따르고 싶어 하고 변하지 않는 절대적인 것을 갈망해 왔습니다. 그러나 변하고 순환하는 것이 진리임에도 불구하고, 변화가 많은 세상에서 변하지 않는 것을 찾는 과정에서 그 희망은 철저하게 무너졌습니다. 또한 유일하게 믿을 수 있는 대상을 찾아 나서는 과정에서 이것만은 변하지 않을 것이라는 그 마지막 바람도 처절하게 무너졌습니다. 그래서 많은 이들에게 종교 생활은 이제 더 이상 행복이 아닐 수 있습니다.

종교를 통해 구원을 얻기 전에 사람들은 불치의 병을 앓았었습니다. 그러나 종교를 찾아 구원을 얻었습니다. 하지만 그것도 잠시, 역시 인간은 이 세상에 살면서 생로병사, 희로애락의 이치를 벗어나지는 못한다는 것을 깨닫게 되었습니다. 때문에 구원 속에서도 또 다른 구원을 갈망할 수밖에 없는 상황에 처하게 되었습니다.

『주역』에서는 이상적인 인간상에 대해 이렇게 말하고 있습니다. '대인(大人)', 즉 진정으로 깨달은 사람이란 천지와 함께 덕을 함께하는 사람이며, 일월의 광명처럼 지혜가 밝은 사람이며, 천지 사계절의 변화에 순응해서 사는 사람이라고 하였습니다.

여기서 무엇보다 중요한 것은 인간은 '사시 변화의 틀', 즉 천지가 변화하는 사계절을 알고 그에 맞춰 순응해서 살아야 한다는 것입니다.

'무엇을 위해 사는지'를 묻는다면 인생은 더욱 복잡해질 것입니다. 목적은 사람마다 다르고 지구 또는 우주에 존재하는 각기 생물체마다 존재의 이유가 있기 때문입니다. 그러나 우리가 살고 있는 '이때가 언제인지'를 묻는다면 조금은 쉬워질 것입니다. 살아가는 방법을 배울 수 있고 '삶의 목표'를 보다 명확하게 설정할 수 있을 것입니다. 지금이 겨울이라면 겨울에 맞는 두꺼운 옷을 입는 것처럼 말입니다.

자연에 순응하는 삶을 살고 싶다면 때를 알기 위해 노력해야 합니다. 때를 알면 순응할 수도 거부할 수도 있습니다.

때에 맞게 사는 삶

만날 때는 만남에 맞게 행동하고
헤어질 때는 헤어짐에 맞는 말을 해야 한다.

올라갈 때는 위를 향하고
내려갈 때는 아래를 향해야 한다.

기쁠 때는 크게 웃을 수 있어야 하고
슬플 때는 맘껏 울 수도 있어야 한다.

사랑할 때는 뜨겁게
이별할 때는 원 없이

가져야 할 때는 용기 있게 취해야 하고
버려야 할 때는 주저 없이 놓아야 한다.

추울 때 옷을 입고 더울 때는 옷을 벗어야 하듯이
우리가 잘 산다는 것은 때에 맞게 사는 것이다.

나는 현재에 존재한다

과거는 이미 지나갔고
미래는 아직 오지 않았다.

단 1초라도 지나갔으면 과거이고
단 1초라도 오지 않았다면 미래이다.

시간은 펼치면 끝없는 우주보다도 더 길지만
접으면 단 한순간의 찰나와 같다.

부모로부터 태어난 자식이
자식을 낳는 부모가 된다.

환생과 윤회의 영원한 시간 속에서
나는
과거와 미래를 이어 주는 현재에 존재한다.

나는 성공한 사람인가요

지금 내가 행복하다고 느낀다면
나는 이미 절반쯤은 성공한 사람입니다

성공은 뜻한 바 목적이나 지위를 얻는 것이지만 모든 것을 다 얻어도 궁극적으로 행복하지 않다면 성공이란 없는 것, 그러므로 지금 행복하다면 나는 절반의 성공을 이룬 사람입니다. 훌륭하게 일하고, 사회적 지위를 얻기 위해서 열심히 노력해야 하지만 행복하기 위해서도 노력해야 합니다.

내 인생은 나의 것

　인생을 살면서 아무런 생각 없이 사는 경우가 많습니다. 그래서인지 살아 가는 건지 아니면 살아지는 건지 알 수 없을 때가 많습니다. 인생의 주인공 이 나라면 '살아간다'는 말이 맞지만, 누구를 위해 살고 있다면, 즉 주인공 자리를 누구에게 빼앗겼다면 그것은 '살아지는' 것일 수 있습니다. 그런데 나이가 들수록 살아지는 것이 더 많아지는 것 같습니다. 왜냐하면 살면서 내 가 할 수 있는 것보다는 남의 눈치를 이리저리 살펴야 하고, 가정의 틀 속에 서, 직장이라는 틀 속에서 주변사람들에게 맞춰 지내야 하는 경우가 많기 때 문입니다. 또한 급변하는 환경에 적응하면서 맞춰 살아야 하기 때문입니다. 이제는 차라리 살아지는 것이 더 편할 수 있습니다. 어느덧 습관이 되어 버 렸기 때문입니다.

　사춘기의 반항심을 나타내는 노래일 수도 있지만 가수 민혜경의 「내 인생 은 나의 것」이란 노래는 의미가 깊습니다. 가사내용에서와 같이 언제나 얌 전하다고 칭찬받는 아이였지만, 부모에 뜻에 따라 사는 삶이 그 당사자인 아이에게는 불행하고 무의미한 시간이었을 수 있습니다. 그래서 항상 모범생이었던 학생이 어느 날 부모에게 반항도 하고 탈선하는 경우를 종종 볼수 있습니다.

석가모니 부처님의 마지막 가르침이 있습니다. 석가모니가 죽림촌(竹林村)에 안거할 때 병에 걸려 심한 고통을 겪자 아난이 마지막 설법을 청하였는데, 이에 부처님은 "너희들은 저마다 자기 자신을 등불로 삼고 자기를 의지하라. 또한 진리를 등불로 삼고 진리를 의지하라"라고 설하였다고 합니다. 이것을 한자로 표현한 것이 '자등명법등명(自燈明法燈明)' 입니다.

이 가르침을 통해서 알 수 있는 매우 중요한 사실이 하나 있습니다. 만일 석가모니가 자신을 강조하였다면 '나는 세상을 구원하는 자이므로 나를 등불로 삼고 의지하라. 그렇지 않다면 지옥에 가게 될 것이다'라고 설법하였을지도 모릅니다. 그러나 석가모니는 스스로 자신이 구원자임을 내세우지 않았습니다. 오로지 나 자신과 부처님의 법에만 충실해 살라는 마지막 유언. '나'와 '부처님 법' 중에서도 '나'를 먼저 꼽은 점은 더 의미가 깊습니다. 내 밖의 세상에 헛되이 휘둘리지 말고 나부터 다스리라는 교훈으로, 불완전하지만 자기 자신이 바로 깨달음을 이루어 가는 인생의 주인공임을 알려 주셨던 것입니다.

아무런 생각 없이 살 수 있는 평범한 나날들 속에서 이리저리 눈치를 살피지 말고 나의 뜻, 나의 인생을 살아야 합니다. 물론 힘들고 어려울 때야 무엇보다 절실하게 스승의 도움이 필요하겠지만 정작 최후의 순간에는 나 스스로를 믿고 의지해야 하는 것입니다.

한 치 앞을 내다볼 수 없는 인생에서 어렵고 힘들더라도 결국은 나 스스로를 믿고 의지하며 살아갈 때 후회 없는 인생, 내 인생은 나의 것이 되는 것입니다.

목적의식과 목표를 가지고 살아가자

　앞에서 리드하는 사람과 뒤에서 따라가는 사람과의 차이는 목표가 있는지 여부에 달려 있다고 할 수 있습니다. 목적의식이 없는 사람은 어디로 가고 있는지 알지 못하고 또 어떤 길로 가야 하는지도 알지 못합니다.

　우리가 길을 갈 때 일단 어디로 향해야 하는지 목적지만이라도 알고 있다면, 아무것도 모르는 것과는 엄청난 차이가 있을 것입니다. ‘모로 가도 서울만 가면 된다’는 속담이 있습니다. 수단과 방법을 가리지 않고 목적을 이룬다는 부정적인 말이긴 하지만 거꾸로 생각하면 서울은 가야 하는 것입니다. 즉 목적은 분명해야 한다는 것입니다. 목적이 있는 사람은 내가 가진 자원을 더 유용하게 사용할 수 있고, 그 힘으로 다른 사람들을 이끌어 갈 수 있습니다. 그런 의미에서 리더란 리더 자신의 목표를 세우고 다른 사람들을 이끌 수 있는 사람이라고 정의할 수 있으며, 리더십이라는 것은 간단히 사람들이 공통의 목표를 향해 움직이도록 영향을 미칠 수 있는 능력으로 정의해 볼 수가 있는 것입니다.

옛날 시골에서 농사를 짓는 농부와 선비의 이야기가 있습니다.

"선비님, 어디로 가시기에 그렇게도 바쁘게 가십니까? 물 한 잔 드시고 잠시 쉬었다 가시지요?" 마을 느티나무 아래서 쉬고 있던 한 농부가 땀을 뻘뻘 흘리며 바쁘게 지나가는 선비를 바라보며 그늘로 들어와 잠시 쉬어 가라고 말을 건넸습니다. "지금 한양으로 가는 길이라네. 오늘 안에 도착을 해야 하니 잠시라도 머뭇거릴 틈이 없으니, 말은 고맙지만 길이 바빠서 사양하겠소. 미안하오"라며 선비는 가던 길을 재촉하였습니다.

"선비님, 한양 가는 길은 그쪽이 아닙니다. 그쪽은 부산으로 가는 길입니다. 반대쪽으로 가셔야 합니다." 농부는 큰소리로 선비에게 한양으로 가는 방향을 가리켰습니다. 그러나 선비는 농부가 가르쳐 준 길은 무시하고 가던 길을 계속 걸어갔다는 이야기입니다.

이는 마치 도끼날을 갈지 않고 나무를 찍는 나무꾼의 우화와도 같습니다. 아무리 성실함과 노력이 필요하다고 해도 목적이 없는 성실함, 방향을 모르고 달리는 노력은 오히려 헛수고에 불과할 뿐입니다. 오히려 잘못된 방향으로 노력을 더 많이 하면 할수록 더 잘못된 길로 가게 되어 있습니다.

이리 재고 저리 재고 눈치를 살피는 사람을 우리는 기회주의자라고 합니다. 반면 방향이나 목적도 없이 무작정 앞으로 나아가는 사람을 두고 어리석은 사람이라고 합니다.

우리는 리더가 꿈(목표)을 가지고 그 꿈을 말하며 밝은 미래의 모습을 그리는 인간이기를 바랍니다. 꿈이 없는 사람에게 창조나 성공이 있을 리 만무하며, 그런 사람들에게 인간적인 성장도 바랄 수 없기 때문입니다.

우리는 다른 사람을 무작정 따라가기보다는 목표를 정하고, 목표를 향하여 다른 사람들에게 영향을 미치되 군림하지 않고 함께 노력하는, 리더로 살아가야겠습니다.

안되면 내 탓, 잘되면 조상 탓

우리가 흔히 말하는 숙명과 운명이 있습니다. 숙명은 어쩔 수 없는 것, 하늘이 정해준 것으로 내가 지구에 태어났다는 것, 국적이 대한민국이라는 것, 내 부모가 아무개라는 것, 내 성별이 남자 혹은 여자라는 것 등 바꿀 수 없는 것을 말합니다.

일이 잘 풀리지 않을 때 우리는 '나는 왜 이렇게 재수가 없지?' 하기도 하고, '아유, 내 팔자야!' 하면서 팔자타령을 합니다. 운명이나, 팔자를 믿지 않는 사람들도 많지만 동양적 운명론에 따르면 사람은 태어나면서 그 순간에 어느 정도는 각자의 운명이 정해진다고 합니다.

우리가 흔히 미신 정도로 잘못 오해하는 것으로 사주 명리학이 있습니다. 그러나 사주 명리학이 추구하는 것은 '추길피흉(趨吉避凶)'으로, 운명을 알게 되면 후천적 노력에 의해 나쁜 것은 피하고 좋은 것은 더 좋게 할 수 있다는 적극적인 차원의 운명 개척의지를 담은 것으로 이해해야 한다는 것입니다. 즉, 운명이란 것은 어느 정도 바꿀 수 있는 것으로 보고 있다는 것입니다.

운명에 관한 좋은 일화가 있습니다.

옛날 신통력을 가진 어느 한 스승이 있었습니다. 그 스승은 나이 어린 제자와 함께 산중에 있으면서 경전을 읽고 있었습니다. 어느 날 그 스승은 자신의 어린 제자의 수명이 7일밖에 남지 않았음을 알게 되었습니다. 그곳에 있다가 죽으면 그의 부모가 '돌봄이 소홀해서 아이를 죽게 했다'면서 마음에 원한을 품을 수 있으므로, 스승은 제자를 집으로 돌려보내기로 하였습니다.

"너의 부모가 너를 생각하니 너는 집으로 돌아갔다가 여드레가 되는 날 아침에 오너라." 그러자 제자는 기뻐하며 머리를 조아리고 길을 떠났습니다.

길을 가던 중 제자는 큰비를 만났습니다. 물줄기가 세차게 흘러내리고 있었는데, 때마침 개미집이 물줄기에 휩쓸려 갈 위기에 처해 있었습니다. 그 흐르는 물이 들어가려 할 때 그 제자는 빗물을 흙으로 막고 물길을 터서 다른 곳으로 흘러가게 한 후 별다른 일이 없이 집으로 돌아갔습니다. 그러고는 8일째 새벽에 아무 일도 없이 절로 되돌아오게 되었습니다. 이를 본 스승은 그를 보고 괴이하게 생각하였습니다. 7일 만에 죽었어야 했는데, 이게 무슨 일일까? 그러나 곧 그 스승은 그가 개미를 구제하여 현세에서의 목숨이 늘었음을 알게 되었습니다. 제자가 와서 머리를 조아리고 한쪽에 앉았을 때 스승이 말하였습니다. "너는 큰 공덕을 지었는데, 스스로가 알고 있느냐?" 제자가 대답하였습니다. "7일 동안 집에만 있었으며, 다른 공덕은 아무것도 없습니다." 그때 스승은 제자에게 "너는 수명이 다했어야 했으나, 엊그제 개미를 구제하였기 때문에 현세에서 수명이 80년이 늘었느니라"라고 말했습니다. 그러자 제자는 기뻐하면서 착한 일에는 과보가 있음을 믿고 더욱 부지런히 닦고, 수행에 정진하여 수행자들 가운데 최고의 이상상(理想像)인 아라한이 되었다고 합니다.

나쁜 운명을 만났을 때, 극복할 수 있는 운명에 관한 또 다른 이야기가 있습니다.

어느 화창한 날, 마음씨 착한 비둘기 한 마리가 숲 속에서 알을 발견하고 자신의 고통을 감내하며 열심히 품었습니다. 그런데 막상 알에서 나온 것은 비둘기가 아닌 구렁이였습니다. 구렁이는 알에서 나오자마자 비둘기를 잡아먹으려 했습니다. 화가 난 비둘기는 "네가 불쌍해서 품어 주었더니 이제 와 나를 죽이려 드는구나. 은혜를 원수로 갚은 배은망덕한 구렁이야"라고 소리치며 "하늘도 무심하십니다"라고 한탄했다고 합니다.

이 모습을 지켜본 제비가 웃으며 말했습니다. "바보 같은 비둘기야, 네가 구렁이알을 품어서 구렁이가 나온 거다. 구렁이알을 품으면 당연히 구렁이가 나오는 법, 알을 품은 건 너인데 왜 하나님을 원망하니?"

다 내가 지은 원인에 의해 결과가 나오는 것입니다. 원망할 수 있다면 누구라도 원망하고 싶을 것입니다. 그러나 '다 내 탓이오'라고 생각한다면 우선 마음만은 편할 것입니다. 편한 마음 하나만으로도 나쁜 운명은 바꿀 수가 있는 것입니다.

좋은 인연을 만나면 하루아침에 부자도 될 수 있지만 나쁜 인연을 만나면 수초 안에 인생의 낭떠러지로 떨어질 수도 있습니다. 지금 안 보인다고 해서 누굴 탓하거나 불평불만을 말하지 말아야겠습니다.

옛말에 허물인 줄 알면 삼가고, 죄인 줄 알면 즉시 고치는 것으로도 천만 가지 허물과 죄가 있다 하더라도 흔적 없이 사라진다고 했습니다. 복을 얻고 화를 멀리하려면 먼저 마음의 허물부터 고쳐야 합니다. 그래서 마음이 곧 운명이라고 했습니다. 운명을 바꾸고 싶다면 마음부터 바꿔야 합니다.

그런 뜻에서 '잘되면 내 탓, 안되면 조상 탓'이라는 말은 이제부터는 '안되면 내 탓, 잘되면 조상 탓'이라는 말로 바꿔야겠습니다.

인생의 필수과목 '3고(쓰리고)' 수업을 잘 받자

손자는 BC 6~5세기경 중국 전국시대의 제나라 병법가로, 이름은 무(武)입니다. 유교사상에 입각한 인의를 전쟁의 근본이념으로 하여 손자병법을 썼는데 그는 두 다리가 절단된 중증장애인이었다고 합니다.

헬렌 켈러 여사는 눈과 귀 그리고 혀의 기능까지 잃었지만 이에 굴하지 않고 오히려 고통 속에서 삶의 의미를 찾았고, 자신이 찾은 삶의 의미를 육체가 성한 사람들에게 나눠 줬습니다. 눈은 보이지 않고 귀도 들리지 않고 말도 하지 못하는 삼중의 고통을 극복하고 사회복지를 위해서 생애를 바친 헬렌 켈러, 그 때문에 그녀는 '기적의 사람'이라 불립니다.

독일의 작가 헤르만 헤세는 언어장애가 있어 학교 규율을 제대로 지키지 못해 퇴학을 당하기도 하고, 극도의 신경쇠약으로 자살을 시도하는 등 자폐증에 시달렸다고 합니다. 그는 신경장애 때문에 정신과 의사에게 심리요법으로 치료를 받기도 했지만, 스스로 프로이드 심리학에 대해 연구해 그 유명한 『데미안』을 완성했고 노벨문학상까지 받았습니다.

베토벤은 독일이 낳은 역사상 최고의 작곡가로 고전파 음악의 완성자입니다. 그러나 그는 스물여섯 살 때 병을 앓아 마침내 귀가 들리지 않게 되었으며, 서른두 살 때는 유서를 쓰고 자살을 시도하기도 했습니다. 하지만 그는 청각장애인이 되고 난 후에도 불후의 명곡 교향곡 9번 「합창」을 작곡하였습니다.

미국의 제32대 대통령 루스벨트는 소아마비에 걸리기 전 30대의 촉망받는 정치인이었습니다. 그러나 소아마비에 걸린 그는 엄청난 통증과 싸우며, 장애를 극복하고자 노력하였고, 이후 뉴욕지사에 당선되었고, 1932년에는 민주당 대통령 후보로 공천되었습니다. 1945년 뇌출혈로 사망할 때까지 12년간 대통령직을 수행했습니다.

제2의 아인슈타인이라고 불리는 이 시대 최고의 물리학자 스티븐 호킹 박사는 온 몸이 굳어 가 몸속의 운동신경이 차례로 파괴되어 전신이 뒤틀리는 퇴행성 신경 근육 질환인 '근위축성 측색 경화증'에 걸렸다는 진단과 함께 1~2년밖에 살지 못한다는 시한부인생을 선고받기도 하였습니다. 그는 언어를 자유로이 구사할 수 없고, 휠체어에 의존해 지내지만 신체장애에 의기소침해지지 않고 세계에서 가장 훌륭한 우주과학자로 당당하게 살아가고 있습니다. "장애인이란 자신이 장애인이라고 생각할 때에만 장애인이지, 그렇게 생각하지 않는 사람은 장애인이 아니다. 그리고 자신의 장애를 원망하게 되면 가장 중요한 마음의 장애인이 된다는 사실을 알아야 한다. 마음의 장애인이야말로 진짜 장애인이다"라고 말하기도 하였습니다.

사람은 태어나면서부터(生) 고통을 겪고, 자라면서 성장통(痛)을 겪으며, 괴로움과 어려움(難) 속에서 늙어 갑니다. 고통은 우리 삶에서 늘 함께합니다. 아니 삶 자체가 고통의 연속이라고 해도 무방할 것입니다. 그러나 소금이 있기에 음식의 단맛을 알 수 있듯이 고통이 있기에 인생이 더 행복할 수 있는 것은 아닐까요. 쉽게 얻은 것은 쉽게 잃습니다. 그러나 고통을 통해 얻은 지혜는 절대 잃지 않습니다. 그런 측면에서 고통은 살면서 불어나는 자산인 것입니다.

고통은 진리를 알지 못하는 나의 어리석음으로 인해서 생겨나는 것이라고 합니다. 오늘 내가 겪는 고통은 나의 어리석음으로 인해서 생겨난 것으로 생각하고 고통수업을 잘 받아야 할 것입니다.

성공한 사람들은 먼저 고생을 하고 나중에 웃는 사람들이라고 합니다. 고스톱에서 ‘3고(쓰리고)’를 잘하면 돈을 많이 벌 수 있습니다. 성공적인 삶을 살기 위해서는 ‘3고(쓰리고)’를 잘 받아야 합니다. 성공을 위한 ‘3고’는 첫째, 고생(生), 둘째, 고난(難), 셋째, 고통(痛)입니다.

명검은 수많은 담금질 끝에 만들어집니다. 원망하지 않고 ‘쓰리고’ 수업을 잘 받아들인다면 인생에서 진짜 명검이 될 수 있을 것입니다.

이별은 곧 축복

꽃이 계속 피어 있다면
그 꽃을 간직할 필요가 있을까

헤어짐이 있기 때문에 만남은 더 아름다운 것
죽지 않고 평생을 산다면 누가 함께 살고 싶을까

고통의 해산 후에야
탄생의 기쁨이 있으나

탄생의 기쁨도 잠시
한평생 생로병사의 고통을 겪어야 한다.

삶은 고통, 고통은 죽음으로 막을 내리고
만남은 이별로서 새로운 만남을 기다린다.

운명을 벗어날 수 있는
지혜를 알아야 한다

인간이 살아가면서 생각을 더 효율적으로 하기 위해 생각의 처리 방식을 공식화한 것을 프레임(Frame)이라고 합니다. 프레임은 어떤 조건에 대해서 거의 무조건적으로 반응하는 경향이 있기 때문에, 즉 어떤 대상 또는 개념을 접했을 때 어떤 프레임을 갖고 있느냐에 따라서 그 해석이 달라지기 때문에 '마음의 창'에 비유되곤 합니다.

예를 들면 어떤 병에 물이 절반 들어 있다고 할 때, A는 '절반밖에 안 남았네'라고 하고, B는 '절반씩이나 남았네'라고 각기 다르게 볼 수 있습니다. 이때 A와 B의 해석의 차이는 두 사람이 갖고 있는 프레임의 구조가 서로 다르기 때문입니다.

프레임과 관련하여 미국에서 널리 회자되는 유머가 있습니다.

세실과 모리스라는 두 친구가 대화를 나누고 있었습니다.
"모리스 자네는 기도 중에 담배를 피워도 된다고 생각하나?" "글쎄 잘 모르겠는데…… 랍비께 한번 여쭤 보는 게 어떻겠나?”

세실이 랍비에게 가서 물었습니다.
“선생님, 기도 중에 담배를 피워도 되나요?”
“(정색을 하며 대답하기를) 형제여, 그건 절대 안 되네. 기도는 신과 나누는 엄숙한 대화인데 그럴 순 없지.”

세실로부터 랍비의 답을 들은 모리스가 말했습니다.
“그건 자네가 질문을 잘못했기 때문이야. 내가 가서 다시 여쭤 보겠네.”

이번에는 모리스가 랍비에게 물었습니다.
“선생님, 담배를 피우는 중에는 기도를 하면 안 되나요?”
“(얼굴에 온화한 미소를 지으며)형제여, 기도는 때와 장소가 필요 없다네. 담배를 피우는 중에도 기도는 얼마든지 할 수 있는 것이지.”

이처럼 동일한 행동도 어떻게 말하느냐에 따라 삶에서 얻어 내는 결과는 결정적으로 달라질 수 있습니다. 전자와 같이 담배를 피우면서 기도하는 것으로 말하느냐, 아니면 후자와 같이 기도하면서 담배 피우는 행동으로 하느냐에 따라서 돌아오는 결과는 정반대가 될 수 있는 것입니다.
행복과 불행, 성공과 실패 그리고 삶과 죽음에 이르기까지 어떻게 프레임하는가에 따라 놀라운 영향력을 행사할 수 있습니다. 상사를 설득할 때, 협상할 때, 사고를 처리할 때 등 모든 상황에서 어떻게 처리하느냐에 따라 결과는 달라질 수 있을 것입니다. 이렇게 볼 때 프레임은 모르면 운명이요, 알고 활용하면 지혜인 것입니다.

'말 한마디로 천 냥 빚을 갚는다'는 속담이 있습니다.
그러나 여기서 말 한마디는 사실인즉 말이 아닌 지혜인 것입니다.
지혜로운 사람이 되기 위해서는 프레임을 잘 알아야겠습니다.

처세의 지침—사리와 도리가 있다

　세상을 바르게 살아가려고 하다 보면 항상 고민이 많을 수밖에 없습니다. 이 세상이 그렇게 만만하지 않을 뿐만 아니라, 한 가지 방식만을 고집하며 살아가기엔 너무 복잡하고 얽힌 것이 많기 때문입니다. 살면서 부딪히는 일 중 십중팔구는 뜻대로 되지 않는다고 합니다. 수많은 사람들이 실타래처럼 복잡한 관계를 맺고 있으니, 어쩌면 그것이 당연한 일입니다. 그렇다면 사람과 사람 사이에 갈등이 생겨 아옹다옹 다투고 서로 원망하고 시기하고 경쟁하며 사는 오늘날, 과연 어떻게 처신해야 원망 없이 잘 살 수 있을까요?

　이 세상에는 음과 양, 즉 낮과 밤이 있다는 것에서 그 실마리를 풀어 볼 수 있습니다. 낮에는 낮에 맞게 살고, 밤에는 밤에 맞게 살아야 한다는 것입니다. 물론 밤에도 밝은 야간 조명을 켜고 야구를 하는 것처럼 밤도 낮처럼 살 수 있기도 합니다. 하지만 항상 밤도 낮처럼 살아야 한다면 얼마나 지루하고 힘이 들겠습니까.

『영혼산책』에서 차길진 법사님께서는 사리(事理)와 도리(道理)가 있다는 것을 가르쳐 주셨습니다. 법적으로나 도덕적으로는 분명히 해서는 안 되는 일이지만, 그것이 부모이거나 자식이거나 또는 가까운 친구의 경우, 눈감아 줄 수밖에 없는 경우가 있습니다. 사리를 따져 보면 해서는 절대 안 되지만 인간적인 도리상 해야 하는 경우가 있다는 것입니다.

옛날부터 '죄는 미워하되 사람은 미워하지 말라'는 말이 있습니다. 사리에는 맞지 않으나 인간적인 도리상 용서해야 하는 경우에 쓸 수 있는 말이 아닌가 합니다. 물론 우리가 살아가면서 항상 사리에도 맞고 도리상으로도 맞게 살아갈 수 있다면 금상첨화일 것입니다.

살아가는 데 있어서 원칙과 법칙을 지키는 것은 매우 중요합니다. 그러나 그에 못지않게 중요한 것이 예외라고 합니다. 인간관계에서 원칙만을 가지고 살아갈 때 남에게 싫은 소리 안 듣고 욕 한 번 먹지 않고 살기란 어렵습니다. 그러나 사리와 도리를 구별하여 잘 대처한다면 적어도 배신자, 몰인정한 사람, 치사한 사람이라는 소리는 듣지 않을 수도 있을 것입니다.

변하지 않는 것이 있다면 당연히 변하는 것이 있습니다. 원칙이 있으면 예외도 있습니다. 원칙을 지킬 때가 있고 원칙을 깨뜨릴 때가 있습니다. 사리와 도리는 우리가 살아가면서 물처럼 순리대로 살아갈 수 있게 만드는 처세의 지침입니다.

좋은 사람, 좋은 인연을 인맥이라 합니다. 자기와 인연이 깊은 사람에게 잘해 주는 것은 당연한 이치입니다. 남이 볼 때는 특혜 또는 비리가 될 수 있겠지만 베푸는 나의 입장에서는 인연 관리를 잘하는 셈이 되는 것이기 때문입니다.

살면서 사리와 도리라는 단어가 있다는 것을 아는 것만으로도 업을 짓지 않고 좋은 인연을 유지하면서 살아가는 데 큰 힘이 될 것입니다.

내 인생 최고의 고객은
내 곁에 가까이 있는 사람들

『훌륭한 일터』의 저자 로버트 레버링은 나를 중심으로 상사와의 신뢰 관계, 일에 대한 자부심, 동료와의 관계에서 재미라는 3가지 관계의 질(Quality)이 훌륭한 일터를 결정짓는 요소라고 하였습니다.

조직에서 개인은 자기 자신과 주변 사람들과의 관계에 대해 만족할 때 더 행복감을 느낀다고 합니다. 즉 부하직원은 상사와의 관계가 좋을 때 직장 생활이 할 만하고, 동료와의 관계에서 재미를 느낄 때 출근하고 싶은 곳이 되며, 일에 대해 자부심이 높을 때 자아성취의 장이 되는 것입니다.

비단 회사에서뿐만 아니라 가정에서는 부모와 자식 간의 관계, 부부간의 관계가 좋을 때 행복하다고 느낄 것입니다. 여기서 관계가 좋다는 것은 고급 자동차를 타고, 타워팰리스와 같은 비싼 집에 사는 등 외형적인 조건이 아니라 사랑, 존중, 배려가 넘치는 관계를 말하는 것으로 내적인 부분을 의미합니다.

직장을 그만두는 사람들의 대부분의 이유는 대다수가 적은 보수보다는 상사와의 관계가 좋지 않기 때문이라고 합니다. 얼마 전 갤럽에서 직장인 100만 명을 대상으로 실시한 조사에 따르면 직장을 그만두는 이유 중 1위가 바로 '짜증 나는 상사 때문'이라고 합니다. 나쁜 상사로 인한 괴로움에 처한 직원은 더욱 피곤함을 느끼며, 직책에 대한 압력으로 불안, 초조, 우울증 등을 키우게 되어 상사의 눈치를 살피게 만들 뿐만 아니라 그 결과 자발적인 몰입을 방해하기 때문에 직장을 옮길 생각을 하게 된다는 것입니다.

스웨덴 스톡홀름 대학의 한 연구팀이 19~70세 직장인 남성 3,100명을 대상으로 10년 동안 연구를 진행해 상사와 부하 직원의 심장병 사이의 연관성에 대해 연구결과를 발표한 적이 있어 흥미를 끈 적이 있습니다. 그 결과 자신의 상사가 리더십이 없다고 생각하는 직원은 그렇지 않은 사람보다 심장병에 걸릴 위험이 25%나 더 높았고, 특히 실제 심장병에 걸린 직원들은 해당 상사와 일하는 기간이 길수록 심장병에 걸릴 위험이 더 높았다는 것입니다. 나쁜 상사는 부하를 심장병으로 죽게 만들 수도 있는 것입니다.

경영학자 피터 드러커는 '고객은 왕'이라고 했습니다. 비단 피터 드러커가 아니라도 '고객은 왕이다'라는 말은 이제 하도 많이 들어서 귀가 따가울 정도입니다. 군주시대에 왕은 모든 것을 소유하고 백성들의 생사여탈권을 가지고 있었습니다. 왕의 한마디에 신하와 백성의 생명이 좌우되었던 것입니다. 그러면 기업에 있어서 고객이란 무엇일까요? 쉽게 정의해 보면,

나의 물건을 사 주고 내가 먹고살 수 있도록 도움을 주는 사람으로 정의해 볼 수 있습니다. 고객이 제품을 사면 기업은 돈을 받아 직원에게 월급을 주고, 직원은 그 월급으로 가족을 부양하고, 자녀 교육을 시킬 수 있기 때문입니다. 간단히 '나에게 도움 주는 사람' 정도로 생각하면 될 것 같습니다. 아무리 잘나가는 기업이라고 해도 고객이 외면하면 그 기업은 장기적으로 존재하지 못하기 때문에 고객은 그만큼 중요합니다.

그렇다면 인생에서 진정한 나의 고객은 누구일까요? '나에게 도움 주는 사람'은 누구일까요? 바로 내 곁에 가까이 있는 사람입니다.

가정에서는 부모입니다. 우리는 초년에 어떠한 부모를 만나는가에 따라 모범생도 될 수 있고 불량청소년도 될 수 있습니다. 살면서 어떠한 고난과 역경을 함께해 줄 수 있는 분이 부모입니다.

학교에서는 선생님입니다. 좋은 선생님을 만나면 학습능률도 올라가고 좋은 성적을 낼 수 있습니다. 친구들과의 교우관계도 선생님이 나서면 좋아질 수 있습니다.

직장에서는 상사입니다. 좋은 상사를 만나면 많은 것을 배울 수가 있지만 나쁜 상사를 만나면 순식간에 잘못된 길로 들어설 수 있습니다. 상사는 나의 성과를 평가하기도 하고, 나를 다른 곳으로 보낼 수도 있는 사람입니다.

사회에서는 친구입니다. 이들과의 관계의 질에 따라 나는 선량한 시민이 될 수도 또는 경우 없는 못된 사람이 될 수도 있습니다. '친구 따라 강남 간다'는 속담이 있듯이 이들과의 관계에 따라 향후 내 인생의 가치는 엄청나게 달라져 있을 것입니다. 내 주변에 친구가 사기꾼이면 나 역시 사기꾼이 될 가능성이 높으며, 그들과 어울리다 보면 영락없이 사기를 당할 수밖에 없을 것입니다. 그러나 내 친구가 훌륭한 사람이라면 나 역시 훌륭한 사람이 될 가능성이 높으며, 내 친구가 대통령이라면 나는 대통령 최측근이 되는 것입니다. 나와 내 주변에 있는 사람들에 의해 내가 성장할 수도 또는 망할 수도 있는 것입니다. 나의 가치는 곧 나의 주변 사람들에 의해 결정되는 것이기 때문입니다.

나와 가까이 있는 사람과의 관계가 좋을 때 우리는 행복하다고 말합니다. 가까이 있는 사람과의 관계에서 서로 도움을 주고받을 때 인복(인덕)이 있다고 말합니다.

먹고살기 위해 머리 숙이는 고객보다도 더 중요한 인생의 고객은 바로 내 곁에 오래도록 함께 있는 사람입니다. 그분들이 진정 내가 섬겨야 할 '나의 왕', 나에게 도움을 주는, 내 인생 최고의 고객입니다.

인간관계의 핵심은 신뢰, 만족, 몰입의 '관계의 질'을 높이는 것

관계마케팅이란 한번 고객을 평생 고객으로 만들기 위해 구매 전부터 구매 후까지의 연속선상에서 고객과 지속적인 관계를 유지하는 고객과의 '관계의 질' 중심의 마케팅이라고 할 수 있습니다.

과거의 마케팅이 1회적 거래(Transaction)나 교환(Exchange) 중심이었다면 관계마케팅이란 구매자 − 판매자 간 관계를 중심으로 이러한 거래나 교환이 장기적으로 지속되도록 하여 거래 당사자 모두가 이익을 보도록 한다는 개념입니다.

관계마케팅에 관한 연구가 크게 진전되고 마케팅에서 핵심개념으로 부상하게 된 이유는 여러 가지로 볼 수 있으나 가장 큰 요인은, 기업의 환경적 요소의 하나인 경쟁이 날로 치열해지고 시장이 포화상태에 근접하였다는 것입니다. 기업의 입장에서 기존 고객을 유지하기 위해서는 고객을 만족시켜야 했으며, 지속적 고객 만족을 위해서는 지속적인 관계구축이 필요하였기 때문입니다.

한편, 내부마케팅이란 종업원을 고객으로 생각하고 이들 기업구성원과 기업 간에 적절한 의사전달체계를 유지함으로써 외부 고객들에게 보다 양질의 서비스를 제공하려는 것입니다. 과거 기업들의 마케팅은 외부고객들만을 대상으로 하는 활동만을 의미하였으나, 종사원들 간의 서비스 지향적이고 고객 지향적인 문화를 창출하고자 내부마케팅을 전개하게 되었습니다.

최근에 와서는 '훌륭한 일터 만들기' 등을 비롯한 내부 구성원들 간의 관계의 질에 주목하게 되었는데, 로버트 레버링은 내부고객 만족 차원에서 구성원들의 조직생활에 대한 만족은 업무 자체와 상사와의 관계 및 동료와의 관계 속에서 상호 작용적으로 이루어지는 만큼, 거래 마케팅에서 의미하는 1회적 관계나 교환으로 끝나는 것이 아닌 장기적인 시각에서의 관계의 질로 연구될 필요성이 있다고 하였습니다.

1980년대까지의 경쟁은 상품과 서비스의 질을 기초로 이루어졌습니다. 그러나 오늘날 대부분의 기업들은 상품과 서비스의 질은 경영의 최소 요소이고, 고객에 대한 '관계의 질' 형성이 성공의 주요 수단이라는 것을 보다 중요하게 인식하고 있습니다.

관계의 질이란 '관계의 성숙 정도를 의미하는 전반적인 관계에 대한 평가가치'라고 정의할 수 있는데, 이러한 관점에서 관계의 질로 표현되는 신뢰와 만족은 서비스 이용 후 평가에 의해 결정되므로 고객의 서비스경험에 따른 결과로 볼 수 있습니다. 한편, 관계의 질은 서로 관련은 있지만 각각 독특한 차원으로 구성되는 구조물로서 개념화되고 있는데, 만족 (Satisfaction), 신뢰(Trust), 몰입(Commitment)이 관계의 질을 설명하는 가장 중요한 차원으로 밝혀져 왔습니다.

그러나 관계의 질을 형성하는 구성개념 중 어떠한 요인이 고객의 미래 의도를 가장 잘 예측하는지에 대한 논점은 연구 학자들 간에 일치하지 않고 있습니다. 즉 과거에는 관계의 질 요인으로 고객 만족이 강조되어 왔으나, 최근 연구에서는 신뢰와 몰입이 성공적인 관계마케팅을 중재하는 주요 변수로 나타나고 있는 추세이기도 합니다. 관계의 질을 구성하는 차원에 대해서는 연구에 따라 학자들 간에 명확하게 일치하고 있지는 않지만 대부분의 연구에서처럼 만족, 신뢰, 몰입이 관계의 질을 설명하는 가장 중요한 차원으로 보고 있습니다. 연구대상이 기업이 아닌 개인이라는 차원에서 마케팅에서 '관계의 질'을 대인관계에서의 관계의 질과 관련하여 살펴보고자 합니다.

만족

고객만족은 서비스제공 능력에 대한 평가가치와 함께 고객의 욕구나 기대에 대한 구매 후 행동에 대한 효과적인 예측치의 성격을 가지기 때문에 마케팅의 핵심적 요소로서 학계의 연구자와 기업의 실무자 모두에게 매우 중요한 관심사로 대두되어 왔습니다. 마케팅에서 고객만족은 반복구매, 재구매 의도 및 우호적 구전에 직접적인 영향을 미치는 것으로 알려져 왔습니다.

지금까지의 고객만족에 대한 대부분의 연구는 크게 두 가지 관점에서 이루어졌다고 볼 수 있습니다. 첫 번째 관점은 거래특유적(Transaction-Specific) 관점으로, 이는 개별거래에 대한 성과(Performance)를 기대(Expectation)와 비교함으로써 만족여부를 판단하는 것이며, 두 번째 관점은 누적적(Cumulative) 관점으로 개별거래에 대한 경험들이 누적된, 전체적인 평가결과로서 고객만족을 말하는 것입니다. 전자의 견해로, Oliver(1980)는 만족을 '기대수준과 불일치 지각의 함수'라고 규정하면서 기대-불일치 패러다임을 제안하였는데, 이에 따르면 성과가 기대와 같거나 초과하면 만족의 증가가 기대되고, 성과가 기대에 못 미치면 불만족이 나타나게 된다는 것입니다.

후자의 견해인 누적적 관점에서는 '제품이나 서비스에 대한 전체적인 평가결과로서 고객만족을 시간의 경과에 따라 여러 번의 거래 및 서비스 경험에 근거한 평가'라고 정의하고 있습니다. 고객만족에 대한 최근의 연구에서는 고객만족을 고객의 인지적·정서적 반응이 결합된 판단이라는 포괄적인 정의가 제시되고 있습니다.

일반적으로 고객만족은 '제품이나 서비스에 대해 고객이 가지고 있는 기대와 실제 성과와의 차이'로 정의되고 있습니다. 여기에는 제품/서비스의 개별적 속성뿐 아니라 '구매 전 탐색 – 구매 경험 – 구매 후 평가'로 이루어지는 전 구매 기간 동안의 모든 경험이 고객의 전반적 만족도로 나타나게 됨을 내포하고 있습니다.

한편, 소비자 행동이나 마케팅 및 기타 영역에서 정의되고 있는 만족에 대한 핵심적인 개념의 공통점을 정리해 보면, 첫째, 만족이란 주관적인 심리적 현상(대상물이나 사건 또는 경험에 의해 만들어지는 마음이나 판단의 상태)이며, 둘째, 만족은 초점이 되는 대상물이나 사건 또는 기준이나 규범에의 적합성과 비교하는 하나의 평가적 반응이고, 셋째, 만족이란 반드시 경험에 기초한다 등으로 볼 수 있습니다.

만족에 대한 정의를 종합해 볼 때, 대인관계에서 만족이란 '인간관계에서 기대(Prior Expectation)와 실제성과(Actual Performance) 간의 차이(Discrepancy)에 대한 총체적인 판단과 감정 정도'로 정의할 수 있습니다.

우리가 개인과의 관계에서 그 사람과의 관계를 지속하려고 하는 것과 같은 이치인 것입니다. 그런 의미에서 개인 간(대인 간) 관계를 지속하기 위해서는 지속적인 만족을 주고받아야 하는 것입니다.

신뢰

관계마케팅은 기업과 고객 간에 장기적이고 계속적인 우호관계를 맺는 것을 통해 기업의 성장과 존속을 도모하는 것을 목적으로 합니다. 일반적으로 신뢰는 고객과 기업 간 또는 기업과 기업의 장기적인 관계를 맺어 나가는 데 있어서 가장 중요한 요인 중의 하나이며, 복잡한 사회 조직이 유지될 수 있는 주요 요인 중의 하나로 성공적인 관계에 대한 필수적인 구성요소로 간주되고 있습니다.

신뢰에 대한 학자들의 견해를 살펴보면, 신뢰란 '상대방의 말이나 약속이 믿을 만하고 교환관계에서 상대방이 의무를 다할 것이라는 믿음'이라고 정의하기도 하며, 신뢰를 '거래 상대방이 쌍방 관계에서 협력을 원하고 의무와 책임을 충실히 수행할 것이라는 기대'라고 정의하고, 이러한 기대는 지속적인 관계 속에서 상호 경험과 행위적 상호 작용을 바탕으로 형성된다고 하였습니다. 관계적 교환이 중요시되는 상황에서 신뢰를 전략적 파트너십의 핵심으로 보았고, 베리와 파라슈라만(1991)은 신뢰는 애호(Patronage)의 기본이 되고, 개별적이고 성공적인 관계의 중요한 요인임을 강조하였는데, 특히 서비스 산업의 경우, 소비자들은 서비스를 경험하기 이전에 서비스를 구매해야 하는 위험요소를 인지하기 때문에 효과적인 서비스 마케팅은 신뢰를 어떻게 구축하느냐에 달려 있음을 언급하기도 하였습니다.

무어만(1992) 등은 교환관계에 있어서 신뢰를 '당사자가 믿음을 가지고 있는 상대방에게 의지하고자 하는 자발적인 의도'로 정의하고 있는데, 이 정의는 첫째, 신뢰는 거래 상대방이 지니고 있는 신뢰성에 대한 믿음, 확신혹은 기대로 보는 인식과, 둘째, 신뢰는 본인의 취약성(Vulnerability)이나 불확실성과 관련하여 상대방에게 의지하려고 하는 성향이나 행동이라고 보는 인식의 두 가지 의미를 동시에 함축하고 있습니다. 일부 학자들은 신뢰가 관계 기간보다는 특정한 관계 내에서의 실제적인 행동과 관련되어 형성됨을 지적하면서, 고객의 판매원에 대한 신뢰가 관계의 질을 결정하는 중요한 요소로서, 관계에 대해 신뢰할수록 고객은 그 관계를 가치 있는 것으로 여기게 되고, 불확실성이 존재하는 새로운 거래 상대자를 찾기보다는 그 관계 속에 머물기를 원하게 된다고 주장하였습니다.

대인관계에 있어서도 신뢰는 특히 장기적인 관계를 유지하는 데 매우 중요한 역할을 하며, 관계의 발전에 기초가 됩니다. 장기적 관계 유지를 위해서는 상대편에 대한 신뢰가 매우 중요함을 시사하고 있습니다.

몰입

몰입은 어떤 조직(개인)이 교환파트너와의 교환관계에서 얼마나 깊이 참여하고 또 그 관계를 오래 지속시키려고 하는가의 정도를 말하며, 소비자와의 관계마케팅을 추구하는 모든 기업의 관심대상으로서, 신뢰, 만족과 함께 관계마케팅의 핵심변수로 고려되어 왔습니다. 포터(1974)는 관계몰입을 '특정 조직에 대한 동일감(Identification)과 관여(Involvement)의 강도'라고 하였으며, 앤더슨과 웨이츠(1992)는 관계몰입을 '지속적이고 안정적인 관계를 위해 당장의 희생(Short − Term Sacrifice)을 감수하고자 하는 의지'라고 정의하였습니다. 아아커(1996)는 어떤 상표에 대해 가장 높은 수준의 충성도를 나타내는 고객들이 가장 높은 수준의 몰입을 보여 준다고 하였으며, 관계몰입은 기본적으로 양자의 장기적인 관계의 개발, 유지 및 향상에 대한 의사표현이므로, 장기적인 편익을 얻기 위해 단기적 희생을 감수하는 것이 필수적인 요소가 된다고 하였습니다. 이러한 관계몰입은 파트너의 기회주의적 행동과 거래파트너의 교체율을 감소시킴으로써 새로운 거래관계 구축에 따르는 추가적 비용을 절감시키는 효과가 있다고 합니다.

관계마케팅에 관한 연구자들 중에서 모르간과 헌트(1994)는 특히 고객과의 지속적인 관계를 매우 중요시하였는데, 그들은 평범한 보통의 소비자를 몰입이 높은 고객으로 전환시키기 위하여 고객과의 관계를 강화시키는 마케팅활동이 필요하다는 점을 강조하였고, 몰입을 타인과 지속적인 관계를 유지하기 위해 최대한의 노력을 보장할 정도로 그 관계를 중요하게 여기는 교류협력자라고 설명하면서 신뢰가 몰입에 영향을 미치는 것으로 설명하고 있습니다. 또한 신뢰에 의해 관계몰입이 확립된 네트워크는 협력적 행위가 증대하여 이탈하는 경향이 줄고, 갈등과 충돌이 줄어든다고 하였습니다. 즉 신뢰에 의해 관계몰입이 전개될 경우 고객의 재구매 행동과 호의적인 태도가 형성된다고 보았습니다.

가르바리노와 존슨(1999)은 관계몰입을 정의함에 있어 심리적 집착 혹은 애착에 근거하였는데, 몰입이 형성된 관계는 그 조직이나 대상의 향후 안녕(Future Welfare)을 기원하고 이를 위한 행동이 수반되는 것으로 밝히고 있습니다. 따라서 관계몰입은 충성도나 애착보다 훨씬 더 깊은 관여(Deeper

Involvement)로 평가되어야 한다고 합니다.

　고객과의 관계의 질에 대한 연구결과를 종합해 볼 때, 판매원과의 접점에서 우수한 품질 서비스를 지각한 고객은 판매원에 대하여 만족하게 되고, 만족한 고객은 판매원을 신뢰하게 되며, 신뢰는 장기적으로 거래관계를 지속하려고 하는 몰입 의도로 발전하게 됩니다. 몰입된 고객은 재구매 및 긍정적 구전의사를 보이게 되는데 이는 판매원-고객 간 순차적 관계의 질 모형의 한 형태로 볼 수 있습니다.

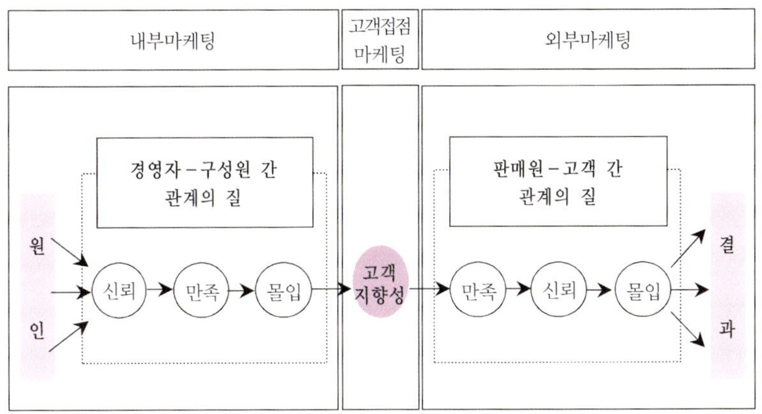

　한편, 내부 구성원 간의 '관계의 질'을 다룬 연구의 주장과 이론을 종합해 볼 때, 구성원의 입장에서 경영진을 신뢰하면 구성원은 직무 및 상사, 동료와의 관계에 대하여 만족하게 됩니다. 또한 만족한 구성원은 조직에 충성, 헌신하고자 노력하며, 고객을 만족시키기 위한 고객 지향적 사고와

태도를 가지는 것으로 나타났습니다.

반면 대인관계에서 어떤 사람을 신뢰하지 못하면 그 사람에 대해 만족하지 않을 것이며, 만족하지 않을 경우 관계를 지속하고자 하는 의사가 생기지 않을 것입니다. 관계를 지속하고 싶지 않은 상황에서 같은 목표를 바라보고 함께하고 싶은 생각은 더더욱 없을 것입니다.

우리가 고객관리, 인맥관리라는 말은 바로 '신뢰, 만족, 몰입'의 관계의 질을 잘 관리하여야 한다는 것을 의미합니다. 신뢰를 높이고 만족을 높이고 몰입을 높일수록 그 고객은 나의 고객이 될 것이며, 나와 함께 공동의 목표를 지향할 수 있습니다.

연인관계에서 결혼으로 골인하는 과정을 생각하면 보다 쉽게 이해할 수 있을 것입니다. 연인관계로 발전하기 위해서는 그것이 소개팅이든지, 아니면 맞선을 본 것이든지 처음엔 그냥 한두 번 만났을 것입니다. 그러다 밥도 같이 먹게 됐을 것이고, 시간을 정해 만나기로 약속도 해 봤을 것입니다. 그런 가운데 상대가 약속을 잘 지킨다거나, 성실하다면 신뢰가 쌓일 것입니다. 그러다가 상대에게 더 좋은 무엇인가가 발견된다면 상대와의 관계에 만족을 하게 될 것입니다. 만족하고 나서는 주변사람들에게 소개도 시켜 주고 괜찮은 사람이라는 것을 보여 주고 싶을 것입니다. 그 후 사랑이 더 깊어 가면서 그 사람만 생각하게 되고 그 사람 없이는 못 살 것 같다는 생각이 들 것입니다. 그것이 몰입의 단계입니다. 그 사람과 영원히 함께 살고 싶은 마음이 드는 단계입니다. 이쯤 되면 부모님의 반대를 무릅쓰고라도 또한 어떠한 희생의 대가를 치르더라도 결혼을 하고 말 것입니다. 결혼 이후에는 한집에서 공통의 목표를 가지고 살아가게 됩니다. 그것이 상호 지향성인 것입니다.

마케팅에서 관계의 질이 소비자와 구성원 간에 중요하듯이 대인관계 역시 '관계의 질'로 구성되어 있습니다. 우리가 대인관계를 잘하기 위해서는 마케팅에서와 같이 신뢰와 만족, 몰입이 될 수 있는 관계를 만들어 가는 것이 중요합니다.

그렇다면 신뢰와 만족은 어느 것이 먼저일까요. 그러나 그것은 상황에 따라서 만족이 먼저일 수도 있고, 신뢰가 먼저일 수도 있을 것입니다. 그러나 몰입은 신뢰나 만족 이후에 가능한 일일 것입니다. 한 번도 만나 보지 못한 사람에게 끌리는 경우는 없을 것이기 때문입니다. 따라서 우수한 영업사원이 매일 발품을 팔아 훌륭한 성과를 내는 것과도 같이 좋은 관계를 구축하려면 우선 많이 만나 신뢰를 쌓아야 하는 것입니다.

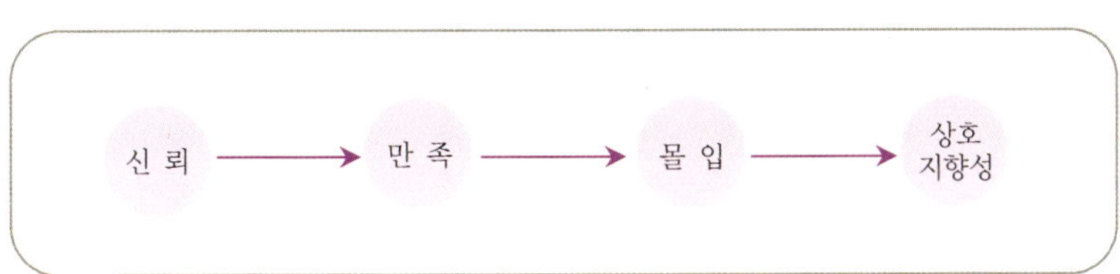

인생을 살아가면서 나를 신뢰하고, 나에 대해 만족하고, 몰입하며, 한 방향을 바라보고 노력할 수 있는 친구, 동료, 상사가 많다면 그만큼 삶의 질이 풍요로워질 것이며, 어떠한 일도 성취할 수 있을 것입니다. 이런 의미에서 대인관계의 목표는 바로 주변 사람들과의 '관계의 질'을 점점 높여 가는 것입니다. 인간관계에서의 핵심은 바로 '관계의 질'로써 좋은 대인관계는 관계의 질을 어떻게 유지하느냐에 달려 있습니다.

'일'이야말로 인간관계에서 먼저 주어야 하는 선물(先物)이다

　최근 일하기에 좋은 일터가 훌륭한 일터로 각광을 받고 있습니다. 이것은 직장에서 신뢰를 기반으로 한 문화를 만들어 가는 것인데, 일을 중심으로 나와 구성원들 간의 신뢰, 자부심, 재미의 관계를 만들어 가는 것을 의미하기 때문에 직장뿐만이 아니라 가정과 사회 속에서 살아가면서 인연관리에 적용될 수 있는 법칙입니다.

　사람은 살아가면서 많은 관계를 맺고 관계 속에서 살아가게 됩니다. 가정에서는 엄마, 아빠, 아들, 딸의 관계로 살아가고, 직장에서는 상사, 동료, 부하와의 관계 속에서 살아갑니다. 삶이란 관계의 연속이라고 할 수 있습니다.

　사람들 사이에 맺어지는 관계를 우리는 인연이라 합니다. 정부기관이든 기업이든 조직은 사람들 사이에 맺어진 관계로 형성됩니다. 따라서 조직은 인연의 집단이라 해도 틀리지 않습니다.

　조직은 어떠한 형태로든 결과, 즉 성과를 내야 합니다. 결과는 원인에서 기인하는데 따라서 조직은 어떤 인연들로 구성되는가에 따라서 결과가 달라질 것입니다.

　다시 말해 조직의 인연의 질에 따라 조직의 결과, 즉 성과는 완전히 달라지는 것입니다. 그래서 경영에 있어서 '인사가 만사다'라는 말이 나오게 된 것일 것입니다. 그러므로 조직은 구성원들 간의 '관계의 질'에 집중해야 함은 말할 것도 없습니다.

　이들과의 관계를 어떻게 하면 잘 맺을 수 있을까요. 또 잘 유지하려면 어떻게 해야 할까요. 앞 장에서 언급한 내용을 좀 더 살펴보면, 내부 구성원 간의 '관계의 질'을 다룬 연구를 종합해 볼 때, 구성원의 입장에서 경영자를 신뢰하게 되면 구성원은 직무 및 상사, 동료와의 관계에서 만족하게 됩니다. 만족한 구성원은 조직에 충성, 헌신하고자 노력하며, 고객을 만족시키기 위한 고객 지향적 사고와 태도를 가지는 것으로 나타났습니다. 즉 인격적으로 존중해 주는 신뢰 있는 상사에 대하여 구성원들은 만족하게 되고, 조직에 대한 관심과 애착을 느끼고 조직에 기여하고자 하는 의도를 가지게 되며, 고객의 욕구를 충족시켜 주고 고객에게 친절하고자 하는 고객지향성으로 연결된다는 것을 의미합니다.

　신뢰는 관계를 지탱해 주는 힘으로 정의될 수 있습니다. 신뢰는 믿고 의지할 수 있다는 뜻으로, 자기를 존중하는 것에서 시작하여 남을 존중해 줄 때 관계의 발전을 이룰 수 있습니다. 거기에 남을 위하는 열린 마음과 정의 감을 더할 때 모든 이를 이롭게 할 수 있는 마음으로 발전할 수 있습니다.

신뢰라는 것은 여러 가지입니다. 약속을 잘 지킨다든지 외모가 준수하다든지, 매너가 좋다든지 등의 요인으로 신뢰는 형성됩니다. 그러나 직장에서 무엇보다 중요한 것은 일을 잘하는 사람이어야 한다는 것입니다. 성실하게 '일'을 잘해야 신뢰가 쌓이는 것입니다. 학교에서 인정받는 사람은 '공부' 잘하는 학생입니다. '인기가 있는 것'과 '신뢰받는 것'은 다릅니다.

좋은 인연을 만들기 위해서는 다음과 같이 노력해야 할 것입니다.

첫째, 신뢰받는 사람이 되어야 합니다.
사람들이 나를 믿고 따를 수 있어야 합니다. 그러기 위해서는 약속을 잘 지켜야 하며, 개인을 인격적으로 존중해야 합니다.

둘째, 만족을 주는 사람이 되어야 합니다.
나와의 관계에서 만족을 느낄 수 있도록 나를 갈고닦아야 합니다.

셋째, 매력적인 사람이 되어야 합니다.
내가 하자고 하는 제안에 따라올 수 있는 사람, 나에게 몰입할 수 있는 사람을 만들어야 한다는 것입니다. 수족과도 같은 인재를 만들 수가 있어야 합니다.

넷째, 공통의 목표를 지향할 수 있어야 합니다.

함께 지향할 수 있는 공통의 목표를 만들고, 목표를 향해 나아갈 수 있는 관계를 만들어 가야 합니다. 목표가 없이는 함께할 것이 없기 때문입니다.

기업과 고객이 Win-Win해야 한다는 의미가 바로 관계마케팅입니다.

한편 직장에서 일하는 것 외에 바라는 바를 얻기 위해 주는 수단으로 '뇌물'이 있습니다. 공부 이외에 다른 방법으로 목적을 이루기 위해 주는 '촌지'가 있습니다. 흔히 학교에서 공부하지 않고 또는 직장에서 일하지 않고 관계를 좋게 만들기 위한 노력을 '아부'라 합니다. 공부하지 않고 맺은 관계, 일하지 않고 맺은 관계는 오래도록 신뢰받을 수 없습니다.

서로 간에 만족을 주거나, 관계를 지속적으로 유지할 수 없습니다. 다만 한순간에 이득을 보기 위해 이용하는 관계일 뿐입니다. 학생은 공부로, 직장인은 일로 관계를 맺고 살아야 하는 이유가 여기에 있습니다.

인간관계에서 어느 것을 먼저 주는가에 따라 관계는 달라집니다. 그런 의미에서 일과 공부는 좋은 관계를 맺기 위한 도구요, 먼저 주어야 하는 선물(先物)인 것입니다.

직장에서는 무엇보다 '일'을 잘해야 합니다. 자기가 맡은 분야에서 최선을 다해 '일'할 때 좋은 관계를 만들 수 있습니다. 일로 회사나 조직에 공헌하고, 일로 사람들과 사귀어야 정치적인 변수에 휘둘리지 않고 실력 있고 성실한 사람으로 당당하게 인정받으며 살아가게 될 것입니다. 그러고 보니 나를 지켜 주는 것은 상사도 배경 좋은 가문도 아니었습니다. '일'이야말로 곧 나를 지켜 주는 든든한 방패이자, 동시에 대인관계를 바람직한 관계로 만들어 갈 수 있는 성공의 무기인 것입니다.

많이 담기 위해서는 항상 비워야 한다

똑같은 3개월간을 하루 5시간 잠을 자고, 같은 선생님 아래서 가르침을 받더라도 시험을 보면 차이가 나기 마련입니다. 그것은 가르침을 받는 학생의 그릇 차이라고 볼 수 있습니다. 그릇에는 반찬 그릇, 바느질 그릇, 화장품 그릇 등 다양합니다. 그릇 기(器)는 생물체의 한 기관으로서 위가 크면 많이 먹을 수 있고, 손이 크면 많은 것을 잡을 수 있는 것과도 같습니다. 당연히 키가 크면 높은 곳에 닿을 수 있는 것과 같습니다. 그 그릇의 크기를 제대로 알 수만 있다면 우리는 그렇게 많은 시간을 고시를 준비하느라, 공인 자격증을 준비하는 등 나의 그릇의 크기와 상관없는 곳에 소비하지 않아도 될지 모릅니다. 사람 그릇의 크기는 이미 80%는 태어나면서 정해져 있다고 합니다. 마음의 크기, 생각의 크기는 보이지 않기 때문에 파악하기도 어렵습니다. 또 그릇의 크기를 늘리기는 더욱 어렵습니다.

나의 그릇은 그 크기가 얼마나 될까요? 태어날 때는 그릇의 크기가 작았다고 하더라도 살아가면서 그릇의 크기를 키울 수 있다는 희망적인 이야기가 있습니다.

옛날에 현명한 스승 밑에서 수행하는 제자가 있었습니다. 그런데 그중 한 제자는 늘 불평불만이 많았습니다. 어느 날 아침 스승은 제자를 불러 소금 한 줌을 가져오게 했습니다. 그리고 그것을 물컵에 털어 넣고 휘젓고 난 뒤 그 물을 마시게 했습니다. 제자는 얼굴을 잔뜩 찡그리며 억지로 물을 마셨습니다. "맛이 어떠냐?" "짭니다." 제자는 몹시 찡그린 표정을 지으며 말했습니다.

스승은 제자에게 소금 한 줌을 챙기게 한 뒤 1급수 강가로 함께 나갔습니다. 그리고 제자를 시켜 소금을 강물에 넣고 손으로 휘휘 젓게 했습니다. 잠시 뒤 스승은 그 강물을 한 컵 떠서 제자에게 마시게 한 뒤 물었습니다.

"맛이 어떠냐? 짠맛이 나느냐?" "아, 아닙니다. 시원합니다." 그러자 스승이 웃으며 말했습니다. "인생의 고통은 순수한 소금과 같다네, 하지만 짠맛의 정도는 고통을 담는 그릇에 따라 달라지지. 만약 자네가 고통을 느낄 일이 있다면 '컵'이 되려 하지 말고, 스스로 넓은 강이 되도록 하게⋯⋯."

당장 마음을 고쳐먹는다고 하루아침에 여름이 겨울 되고 겨울이 여름 될 수 없는 것과 마찬가지로 그릇의 크기를 늘리기는 어렵습니다. 하지만 내 그릇이 작다고 하더라도 그릇이 찼다는 것을 알고 그 그릇을 비울 수 있다면 비워 버린 만큼이 궁극적인 그릇의 양이 될 것이기 때문에 더 많이 쓰임을 받는 것이 됩니다. 한번 채워진 큰 그릇인들 여러 번 비우고 다시 채우는 것에 비할 수는 없기 때문입니다.

『논어』「위정」 편에 '군자는 불기(君子는 不器)'라는 말이 나옵니다. 군자는 그릇의 한계가 없다는 말로, 소인은 그 그릇에 한계가 있어서 담지 못할 것이 있는 데 반하여 군자는 그릇의 크기를 잴 수가 없고, 아니 그릇 자체를 논할 수 없다는 말입니다.

인생의 고통은 컵이 되어 받으면 크고 넘쳐 감당할 수가 없게 되고, 강이 되어 받으면 아무런 흔적도 없이 흡수할 수가 있습니다. 인생의 그릇은 나 스스로 컵이 되려 하지 말고 강이 되어 받아야 합니다. 내 그릇이 작다 하더라도 매일 일정하게 비우면 많은 것을 담을 수 있습니다.

사소한 것이 중요한 것이다

미국의 보험회사 관리감독자였던 하인리히가 고객 상담을 통해 교통사고의 원인을 분석하는 과정에서 발견한 내용이 있습니다. 하인리히 법칙에서 말하는 1대29대300의 법칙이란 1번의 대형 사고가 발생했을 경우, 이미 그 전에 유사한 29번의 경미한 사고가 있었고, 그 주변에서는 300번의 이상 징후가 감지된다는 것으로 사소한 것이 모여 큰 사고가 나타난다는 것입니다.

1969년, 스탠퍼드 대학의 심리학 교수 필립 짐바르도는 매우 흥미로운 실험을 진행하였는데, 슬럼가의 한 골목에 동일 모델의 차량 두 대를 보닛(Bonnet)을 열어 둔 채 주차시켜 놓고, 1주일에 걸쳐 차량의 변화를 관찰하는 것이었습니다. 두 차량의 차이점은, 한 대는 보닛을 열어 둔 채로 주차를, 다른 한 대는 보닛을 열어 둔 것은 동일한 조건이었으나 차량의 유리창을 일부 훼손한 상태로 주차를 했다는 것입니다.

실험 결과, 첫 번째 차량은 1주일간 특별한 변화 없이 그 상태를 유지했으나, 유리창이 훼손된 차량은 방치 10분 만에 배터리가 없어지고, 타이어도 도난을 당했다고 합니다. 이후 차량에 낙서와 쓰레기 투기가 발생하고, 1주일 후에는 폐차에 가까운 상태가 되어 버린 것입니다.

동일한 조건의 차량이 깨진 유리창으로 인해 완전히 다른 상태로 변해 버린 것은 작은 결함이나 틈으로 인해 급격하게 상태가 나빠질 수 있음을 입증해 주는 심리실험의 결과입니다. 이런 실험의 결과를 토대로 미국의 범죄학자 제임스 윌슨과 조지 켈링은 1982년 '깨진 유리창 이론(Broken Windows Theory)'을 발표하였는데, 이론의 주요 내용은 한마디로 깨진 유리창 하나를 방치해 두면 그 지점을 중심으로 범죄가 확산되기 시작한다는 것, 즉 사소한 무질서를 방치하면 큰 문제로 이어질 가능성이 높다는 의미를 담고 있습니다.

모기장 사이의 미세한 '2밀리미터'의 간격만 보장되면, 그 틈새를 통해 수많은 모기가 들어오기에 충분하다고 합니다. 2밀리미터의 지극히 작은 간격만으로도 모기는 우리를 공격할 수 있는 루트를 충분히 확보할 수 있다는 것입니다. 2밀리미터! 모든 사람에게는 대수롭지 않은 작은 틈새이지만, 모기에게는 '대로(大路)'라는 사실은 우리를 놀라게 합니다. 붕괴되는 원인은 지극히 사소한 일로 시작됨을 잊지 말아야 합니다.

왕중추는 『디테일의 힘(Power of Detail)』에서 성공과 실패는 미묘하고 작은 차이에서 기인한다고 하였습니다. 세부적인 것을 얼마나 중시하는가, 업무 하나하나를 얼마나 세심하게 관리하는가에서 기업의 경쟁력이 결정된다는 것입니다. 그는 '100 빼기 1은 99가 아니라 0'이라고 말했습니다. 100가지를 잘해도 단 하나를 실수하면 전체가 실패할 수 있기 때문입니다.

한편, 작은 것, 눈에 띄지 않는 일, 하찮다고 여겨지는 일, 이러한 일들을 잘 처리하는 습관들은 잘되는 사람들의 공통된 특징 중에 하나라고 합니다.

『법화경』에서 부처님은 이렇게 말했습니다.

"네가 지금 하고 있는 그 현재의 일이 아주 사소하다 할지라도 그것을 소홀히 여기지 말라. 그것은 보다 큰일을 하기 위한 준비 과정에 해당한다. 그 자체는 사소해 의미가 없는 것처럼 보이지만, 반드시 다가올 미래에 보다 큰일을 하기 위한 밑거름이 되는 것이다."

작고 사소한 사건 하나가 나중에 커다란 일로 발전할 수 있다는 의미로 쓰이는 말로 '나비효과'란 말이 있습니다. 미국의 기상학자 로렌스가 컴퓨터를 사용해 기상 현상을 수학적으로 분석하는 과정에서 초기 조건의 미세한 차이가 시간이 흘러감에 따라 점점 커져서 결국 엄청난 차이로 이어진다는 사실을 발견한 것으로 브라질에 있는 나비의 날갯짓이 미국 텍사스에 토네이도를 발생시킬 수도 있다는 과학이론입니다.

작은 나비의 날갯짓이 토네이도를 일으킬지는 정말 알 수 없는 노릇입니다. 마찬가지로 우리가 베푼 작은 선행이 한 사람의 일생을 변화시킬지 또 우리 사회 전체를 구제할 수 있을지 그것도 알 수 없는 일입니다.

사소한 일

아주 사소한 일로 든든하던 우정이 깨어지고
아주 사소한 일로 뜨겁던 사랑이 차가워집니다.

아주 사소한 일로 끈끈한 혈육의 정이 끊어지고
아주 사소한 일로 백년가약 부부의 인연이 깨집니다.

아주 사소한 일로 아까운 목숨을 잃어 버리고
아주 사소한 일로 국가 간에 전쟁이 일어나고
아주 사소한 일로 종교 전쟁이 일어납니다.

작은 일이라고 결코 하찮게 볼 것이 아닙니다.

작은 친절 하나가 큰 감동을 줄 때가 있습니다.
작은 격려의 말 한마디가 한 사람의 일생을 바꿀 수도 있는 것입니다.

나를 밝게 비추면 향기가 난다

현대는 자기 PR시대라고 합니다. 그만큼 자기를 적극적으로 홍보하지 않으면 살아남을 수 없는 치열한 경쟁의 시대를 살아가기 때문이겠지요. 그러나 지나친 자기 홍보는 오히려 문제를 가져올 수 있습니다. 나 스스로가 크려고 할 때는 남들이 눈치 채기 마련이고, 결국 그것이 주위사람들로부터 미움을 받게 되거나 시기와 질투를 받게 될 것이기 때문입니다.

조직에서 직장인의 낙은 흔히 '진급하는 것'이라고 합니다. 그래서 철마다 진급 때가 되면 인생의 희비가 엇갈리는 장면을 많이 보게 됩니다. 어떤 사람이 승진을 하면 많은 사람이 박수와 갈채를 보내는가 하면, 어떤 사람은 누구와 친해서, 아부를 잘해서 진급을 했다고 원성의 소리가 무성하기도 합니다.

필자도 한때 진급이 늦어 고민하고 조급해했던 기억이 있습니다. 7전 8기로 가까스로 어렵게 주위 분들의 도움으로 진급할 수가 있었는데, 처음엔 내가 왜 떨어져야 하는지 믿기지 않았습니다. 아니, 믿으려고조차 하지 않았다는 표현이 맞을 것 같습니다. 두 번째는 주위의 위로로 다음엔 꼭 될 것이라는 말을 듣고 자신감을 잃지 않았습니다. 세 번째는 주위의 시각이 달라지는 것을 느꼈습니다. 나에게 무언가 문제가 있으니 되지 않는 것이라고 주위사람들이 수군거리는 것 같았습니다. 네 번째 떨어졌을 때, 나에게 부족한 점도 많고 원인은 나에게 있다는 것을 깨닫게 되었습니다. 다섯 번째 떨어졌을 때는 진급에 대해 연연해하지 않게 되었습니다. 왜 사람들은 해마다 진급이란 것을 만들어서 나의 행복을 짓밟는 것인지를 생각하게 되었고, 진급과 행복은 별개의 사항이라는 것을 알게 되었습니다. 여섯 번째 떨어졌을 때는 나와 함께 진급에서 떨어진 사람들이 오히려 눈에 들어오게 되었습니다. 그들을 위로해 줄 필요가 있고 아픔을 함께해야 한다고 느끼게 되었습니다. 진급발표가 있는 날 또 떨어질 것이란 것을 짐작하면서 태백산에 올랐습니다. 흰 눈이 펑펑 쏟아지는 태백산, 천년 주목에 핀 눈꽃을 보며 그렇게도 황홀할 수가 없었습니다. 지금도 그 아름다운 광경은 잊을 수가 없습니다.

결국 그다음 번에 내 속에 있는 욕심 및 사심 등 모든 마음이 다 비워지고 나서야 진급이 되었습니다. 지금 와서 생각하면 그때 많이 떨어진 것이 나에게는 약이 되었고, 나를 정말로 성숙하게 하였던 것 같습니다.

로렌스 피터는 『피터의 원리』에서 위계질서가 있는 조직 내에서 일하는 사람들이 무능의 수준에 도달할 때까지 승진하려 하고 그래서 조직은 시간이 흐름에 따라 임무를 수행하지 못하는 무능한 사람들로 채워지고 조직은 비효율성을 초래하게 된다고 주장한 바 있습니다. 이것은 능력 없는 사람이 자신의 출세를 위해서 노력할 뿐, 실력을 기르기 위한 노력은 상대적으로 적게 한다는 것을 의미합니다.

조직에서 더 멀리 가기 위해서는 준비가 되지 않은 상황에서는 진급하지 말아야 합니다. 스스로 승진하려고 하면 누구나 눈치 채기 마련이며 시기와 질투, 경쟁으로 어려움에 처할 것입니다. 또한 곧 스스로 능력의 한계에 부딪힐 것입니다.

만일 내가 현재의 위치에서 최고의 능력을 발휘하고 있고 장래 유망한 인재로서 인정받고 있는 사람이라면, 한 단계 승진했을 때 어떤 능력이 더 필요한지 미리 알아 구비하는 수고를 아끼지 말아야 합니다.

그렇다면 어떻게 해야 냄새나지 않고 진급할 수 있을까요? 향기 향 자에서 답을 찾아볼 수 있습니다.

향기 향의 옛날 글자는 향(𦣞)인데, 햇빛이 위를 향하여 비추는 모양을 본떠 '희다', '밝다'를 뜻하는 흰 백(白) 자와 팔꿈치를 구부려 물건(物件)을 자기 쪽으로 감쌈을 나타내어 '나' 또는 '사사롭다'의 뜻을 나타낸 사(厶)로 구성된 글자입니다. 자기를 밝게 비추면 곧 향기롭다는 것쯤으로 해석할 수 있습니다.

반면 스스로 자(自) 아래에 클 태(犬) 자가 냄새날 취(臭) 자인데, 스스로 크려 하면 냄새가 난다는 뜻으로 해석할 수 있습니다.

스스로 크려 하지 말고 나 스스로를 밝게 비추면 저절로 향기가 날 것입니다. 자연스럽게 꽃을 피우면 저절로 향기가 나기 마련이듯이 보이지 않게 열심히 능력을 갖추다 보면 어느새 승진의 반열에 올라 있을 것입니다.

돈보다 시간을 절약하자

누군가가 나에게 돈을 빌려 달라고 하거나 보증을 서 달라고 부탁한다면 대개는 분명 주저할 것입니다. 그러나 술을 먹으러 가자든가 혹은 놀러 가자고 한다면 대개 주저하지 않고 응하는 것이 보통입니다. 대다수의 사람들은 돈보다 시간을 빌려 주는 쪽을 택하고 있는 것입니다.

만약 사람들이 돈을 아끼는 만큼 시간을 아낄 줄 안다면, 자신을 위해서 보다 많은 일을 할 수 있을 것입니다. 특별히 이렇다 하는 유익한 목적도 없이 남을 위하여 바치는 시간이 우리의 생활에는 너무도 많습니다.

물론 우리는 남과 더불어 살아야 합니다. 그러나 자신의 본질은 지키고 있어야 합니다. 자기 자신을 위하여 해야 할 일이 너무도 많습니다. 그렇기에 자신은 내버려 둔 채 남에게 시간을 할애하는 것은 낭비라고 할 수 있습니다.

우리가 어떠한 일에 시간을 할애할 경우에는 확고한 신념이 필요합니다.

신념이 있으면 자신의 시간과 생명을 버리는 것도 위대해 보일 수 있습니다. 신념은 그 자체가 즐거운 것이며, 자신의 영혼과 합하게 되는 것이니까요

그러나 대부분의 경우 사람들은 신념보다 그때그때의 감정이나 기분에 자신을 내던지고 사는 경우가 많습니다. 인생을 가치 있게 살기 위해서는 돈보다는 시간을 아끼고 그 시간으로 자신의 영혼을 살찌워야 합니다.

빈부귀천과 남녀노소의 구별 없이 모든 사람에게 가장 공평한 것이 하루 24시간이라는 시간일 수 있습니다. 그러나 비록 모든 사람이 가진 물리적인 시간이 24시간으로 동일하다고 하더라도 어떤 사람들은 하루에 26시간을 쓸 수도 있고, 어떤 사람들은 단지 20시간 혹은 그보다 적은 시간밖에 쓰지 못할 수도 있습니다.

매일 아침밥을 먹으면서 마시는 물 한 잔과 사막 한가운데서 며칠씩 마실 물을 찾아 헤매던 사람이 마시는 물 한 잔의 의미가 다르듯이 자신에게 남은 시간이 적다는 사실을 절감한 사람에게 시간은 매일 마시는 물이 아니라 사막 한가운데서 만난 오아시스와도 같은 것일 겁니다.

대부분의 사람들은 자신이 얼마나 고결하게 사느냐에는 관심을 두지 않고, 얼마나 오래 살 것인가, 얼마나 부자로 살 것인가를 염려합니다. 고결하게 사는 것은 모든 사람들의 능력 안에 있지만 오래 살고 부자로 사는 것은 사람의 능력 안에 있지 않은데도 말입니다.

방금 기차를 놓친 사람은 방금 전 1분이 얼마나 중요한 시간인지 알 것입니다.

간신히 사고를 모면한 사람에게 1초는 자신의 운명을 가를 수 있는 시간입니다.

올림픽에서 아쉽게 은메달을 딴 육상선수에게 0.01초는 세계 신기록을 세울 수 있는 시간입니다.

성공한 삶을 살기 위해서는 돈도 중요하지만 돈보다도 시간을 절약해야 합니다. 절약이란 함부로 쓰지 않고 꼭 필요한 곳에만 아껴서 써야 하는 것을 말합니다.

위대한 힘―반복

인지심리학 분야에는 '10년 법칙'이라는 규칙이 있는데, 어떤 분야에서 건 전문성을 획득하기 위해서는 최소한 10년 이상 부단한 노력과 집중력이 필요하다는 법칙입니다.

우리가 천재라고 알고 있는 사람들 중 상당수는 타고난 천재성이 아니라 우리의 상상을 뛰어넘는 집중과 반복의 산물인 경우가 많습니다.

전기를 발명한 에디슨은 수천 번의 실수를 거듭한 후에 전기를 발명했습니다. '골프의 전당'에 기록된 박세리는 초등학교 6학년 때 새벽 5시 30분에 일어나 아파트의 15층 계단을 5번씩 오르내렸고, 매일 6㎞를 달리고 600번의 퍼팅을 연습했다고 합니다. 이런 피나는 노력 끝에 8년 후 미국 LPGA 챔피언에 오르게 될 수 있었습니다. 박지성 역시 두 개의 심장이라는 극찬을 받으며 평발의 핸디캡을 극복하고 맨체스터 유나이티드의 세계적인 축구선수가 될 수 있었습니다.

이 세상에 반복적인 노력 없이 성취되는 것은 아무것도 없습니다. 처마 끝에서 떨어지는 한 방울의 물이 오랜 세월 반복이 되면 바위에 구멍을 뚫을 수 있는 것처럼 반복적인 노력을 통해서만이 전문가의 반열에 오를 수 있습니다.

대학교에서 그 분야를 전공했다고 졸업하는 즉시 전문가가 되는 것은 아닙니다. 또한 아무리 많은 자격증을 취득했다고 해도 경험이 없고, 그 일을 능숙하게 처리하지 못한다면 감히 전문가라고 말해서는 안 됩니다.

성공하기 위해서 '나는 성공할 수 있다'는 의지가 필요합니다. 하지만 의지만으로는 성공할 수 없습니다. 수많은 투자가 필요합니다. 그 투자란 것이 바로 연습과 훈련을 반복하는 것입니다. 아무리 성공하고 싶은 의지가 충만하더라도 연습과 훈련을 하지 않는다면 그것은 공염불에 불과한 것입니다.

경제학박사 공병호는 『명품 인생을 만드는 10년 법칙』이라는 책에서 "10년은 도약의 기간이요, 혁신의 시간"이며 "10년을 어떻게 사느냐에 따라 당신의 인생은 '명품'이 될 수 있고, 직업인으로서 설 수 있는 최정상의 자리, '전문가' 반열에 오를 수 있다"라고 했습니다.

아돌프 히틀러는 그의 자서전에서 하나의 거짓말이라도 여러 번 반복하면 그것은 진실이 된다고 했습니다. 말콤 글래드웰은 자신의 저서 『아웃라

이어』에서 성공한 사람들의 공통적인 특징은 끊임없는 반복이라 주장합니다. 적어도 한 분야에서 1만 시간 이상을 반복해야 성공할 수 있다고 하였습니다. 피겨왕 김연아는 한 인터뷰에서 "동작 하나를 익히기 위해 일 만 번을 연습했다"라고 말했습니다.

히브리어에는 반복이란 말과 교육이란 말은 같은 단어라고 합니다. 교육은 반복이고, 반복이 교육임을 유대인들은 잘 알고 『탈무드』를 기초로 철저하게 기본이 되는 교육을 반복해서 가르쳤던 것입니다.

독일의 심리학자 에빙하우스의 망각곡선 연구에 의하면 배운 것을 실천하지 않는 사람은 무려 95%나 되며, 그 때문에 성공할 확률은 5%밖에 되지 않는다고 합니다. 인간이 어떤 것을 배운 후에 그대로 방치해 두고 20분 지나면 47%, 1시간이 지나면 56%, 이틀 지나면 66%, 6일이 지나면 75%, 20일이 지나면 80%를 망각한다는 데이터가 있습니다.

인간의 뇌는 평균적으로 7번 이상 반복하여 학습한 것을 장기기억으로 넘긴다고 합니다. 그래서 고시 공부를 하는 사람들이 말하는 3회독이니 4회독이니 하는 것은 모두 그런 맥락에서 파악되는데 막상 반복의 힘을 모르는 사람은 없지만 제대로 실천하는 사람이 드물기 때문에 성공의 반열에 오른 사람이 적은 것입니다.

실력도 어중간하고 주어진 환경과 여건이 불리하더라도 남과 싸워 이길 수 있는 방법이 있습니다. 남보다 두 배 이상 더 열심히 반복하는 것입니다. 결국 반복을 거듭하는 동안 힘이 쌓이고 자기 한계를 깨뜨리는 거룩한 세계에 도달하게 될 것입니다. 반복하되 정성을 다하는 태도로 성실하게 임하면 못 이룰 것이 없습니다.

반복이란 한 가지를 지속적으로 하는 것을 의미하며, 다른 것을 삼가고 조심하는 뜻을 포함합니다. 이리 갔다 저리 갔다 하는 것은 변덕이요, 한 가지를 계속적으로 하는 것이 반복입니다.

태양이 어느 날 초목을 갑자기 자라게 하지는 못하지만 태양빛을 향하는 것을 반복하면 초목은 자라고 꽃을 피우며 열매를 맺습니다.

아무리 작은 일이라도 정성을 담아 10년간 꾸준히 반복하면 누구나 전문가가 될 것입니다. 하루는 아침, 점심, 저녁, 밤의 반복이며, 일 년은 봄, 여름, 가을, 겨울의 반복입니다. 10년, 100년, 1000년의 긴 세월 역시 하루의 반복인 것입니다.

인내 없이는 성공도 없다

물은 절대로 99도에서는 끓지 않고 1도 더 상승해야만 펄펄 끓습니다.

99도에서 멈춘다면 물은 끓지도 않을뿐더러 수증기가 되어 하늘로 날아갈 수 있는 기회도 잃어 버리고 맙니다. 불과 1도의 차이지만 그 결과는 완전히 다릅니다.

성공이냐 실패냐를 판가름하는 것은 결국 1도를 더 참는 끈기에 의해 결정되는 것은 아닐까요.

『아침형 인간』의 저자 사이쇼 히로시는 아침형 인간이 되기 위해서는 적어도 100일간은 밤 11시에 취침해 새벽 5시에 기상하는 습관을 길러야 한다고 합니다.

하워드 가드너의 숙성 이론에 의하면 잠재능력이 충분히 발휘되기 위해서는 약 10년에 걸친 숙성 기간이 요구된다고 하는데, "인류 역사에 위대한 업적을 낸 사람치고 10년 정도의 숙성 기간을 거치지 않은 사람은 없다"라고 합니다.

세계적인 수영선수 박태환은 4살 때 수영을 시작해 16세에 실력을 발휘했고, 피겨스케이팅의 요정 김연아는 6세에 스케이팅을 시작해 16세에 그 빛을 발하기 시작했습니다.

하지만 사람들은 오늘의 경지에 도달되기까지의 긴 숙성 기간은 생각하지 않고 그들의 현재 모습만 보고 그들이 천재라며 환호하고 부러워합니다.

공부는 어떤 학생들이 잘할까요? IQ가 높으면 공부를 하는 데 유리한 입장에 설 수 있는 것은 사실입니다. 하지만 진짜 공부를 잘하는 사람은 책상 앞에 앉으면 엉덩이를 의자에서 쉽게 떼지 않고 오래 앉아 있는 사람들이라고 합니다. 10년을 앉아 있으면 공부하는 습관이 길러지게 되고, 공부하는 법을 터득하게 될 것이기 때문입니다.

달걀은 3주를 기다려야 부화되어 병아리가 되며, 병아리는 스스로 알을 깨고 나와야 비로소 바깥세상을 구경할 수 있습니다. 매미는 땅속에서 굼벵이인 채로 10여 년간을 수액을 먹으면서 자라다가 지상으로 올라와 허물을 벗고 성충이 되며 열흘 남짓한 시간 동안 부르지 못했던 노래를 부르고 사랑을 나누고 알을 낳습니다. 사람은 어머니 배 속에서 아홉 달을 참고 기다려야 세상구경을 할 수 있습니다.

성공하지 못하는 직장인들은 인내심이 결여된 사람들입니다. 상사의 꾸중을 참지 못하고 사직서를 던지는 사람, 팀원 전체가 업무를 완성하기 위해 철야를 할 때 그것을 견디지 못하고 혼자 퇴근해 버리는 사람 등은 인내심이 결여된 사람들입니다.

머리가 좋고 순발력을 구비한 사람들은 일찍 성공하지만, 그중 인내심이 없는 사람들은 빛을 발산하지 못하고 중도에 하차하는 경우가 많습니다.

인내심이 있는 사람과 없는 사람의 차이는 무엇일까요? 무조건 참는 것은 자신을 포기했거나 자신보다 큰 힘에 굴종하는 것일 수 있습니다. 진정한 인내심을 가진 사람은 미래에 대한 소망을 가진 사람입니다. 소망이 있는 사람은 그 소망을 바라보며 인내하기 때문입니다.

지금 어려움을 겪고 있다면 자신에게 어떤 목표와 소망이 있는지 적극적으로 찾아 보아야겠습니다. 목표와 소망을 찾으면 인내하는 사람이 될 것이고, 그 속에서 성공의 기회를 찾을 것입니다.

참을 인(忍) 자는 칼날(刃) 아래에 마음 심(心)이 있는 형국입니다. 인(刃)은 칼(刀)의 날이 선 부위에 점을 찍어 '칼날'을 강조한 글자입니다. 심(心)은 우리 몸 가운데 마음이 머무는 곳으로 심장을 본떠 만든 글자입니다. 인의 전체적인 의미는 몸의 주인인 마음이 머무는 심장을 날카롭게 날이 선 칼로 도려내는 듯한 아픔이 있지만 견뎌낸다는 것을 의미합니다.

견딜 내(耐)란, 말 이을 이(而)와 법도를 나타내는 촌(寸)이 합쳐진 글자로, 이(而)는 사람의 옆얼굴에 난 구레나룻을 의미하기도 하였지만 코밑과 턱에 난 수염을 뜻하게 되었습니다. 옛날에 '내'의 전체적인 의미는 자존의 상징이기도 한 수염을 손을 이용해 뽑아내는 굴욕적인 모욕을 참아내고 '견디어 내다'는 것을 의미하였습니다.

삼국지와 같은 전쟁 시대에서 살아남기 위해서는 갖은 모욕과 굴욕을 참아내야 하지만, 요즘 세상에서 인내(忍耐)란 칼날 아래에서 생명에 위협을 느끼고 있는 상태에서도 말을 계속 이어 가는 법도를 지키는 것처럼 어렵고 힘든 것을 참고 견뎌내는 것 정도로 해석하면 좋을 것 같습니다.

엘리자베스 퀴블러와 데이비드 케슬러가 쓴 『인생수업』에서는 인생수업에서 가장 힘든 과목은 인내라고 말합니다. "인내는 가장 힘든 배움, 아마도 가장 절망감을 안겨 주는 배움일 것이다"라고 말합니다.

성공한 사람들을 살펴볼 때, 그들은 인생에서 최소한 3년 정도의 끔찍한 삶의 기억을 가지고 있었다고 합니다. 최대 3년이 아닌 최소 3년입니다. 3년이란 숫자는 여러 곳에서 볼 수 있습니다. 중학교, 고등학교를 마무리하려면 각각 3년이 걸립니다. 대기업에서 직원 한 명이 제 몫을 하려면 3년이란 시간이 걸리고, 직업을 바꾸고 정착하기 위해서는 적어도 3년이란 시간이 걸립니다.

아이가 걷기까지 3년이 걸리고, 성년이 되기까지는 20년이 걸립니다. 자식을 키우고 세상사를 조금이나마 알기까지에는 불혹의 나이 40년이 걸립니다.

물이 99도에서 100도로 끓기 위해서는 1도 더 끓어야 하듯이 성공에 도달하기 위해서는 반드시 인내라는 단계를 거쳐야 합니다. 인내 없이는 성공도 없습니다.

인내

인내는 성숙의 열매입니다.
성숙은 기다림의 결과입니다.

열매는 하룻밤 사이에 열리지 않습니다.
열매가 무르익기 위해서는 여름의 작열한 태양 볕을 견뎌내야 하며,
모진 비바람과 폭풍우를 견뎌내야 합니다.

익지 않은 과일은 떫은맛이 납니다.
반면에 잘 익은 과일은 꿀맛이 납니다.
떫은맛이 꿀맛으로 변화되기까지는 오랜 시간이 필요합니다.

빠른 속도로 변화되는 세상에서 인내는 참 힘든 일입니다.
인내는 모든 것이 결국 잘될 것이라는 최후까지 지켜내야 하는
믿음입니다.
다만 우리가 해야 할 것은 끝까지 최선을 다하는 자세입니다.

인내의 결과는 풍성한 열매입니다.
인내는 쓰지만 열매는 단 것입니다.
고생 끝에는 분명 낙이 있습니다.

조금만 더 인내하자

세일즈 왕으로 소문난 한 사람이 있었습니다. 그는 물건을 팔면서 거절당할 때마다 오히려 싱글벙글 웃었습니다. 어떤 사람이 궁금해서 "그렇게 거절당해도 웃음이 나옵니까?"라고 묻자 그는 "제 경험에 의하면 평균 9번 거절을 당해야 물건이 팔렸습니다. 그러니 한 번이라도 더 거절당하면 물건 팔 때가 더 가까워졌다는 뜻이니 얼마나 감사한 일입니까?"라며 웃는 이유를 설명했다고 합니다.

뜻하는 일이 하루아침에 될 것이라 생각해선 안 됩니다. 성취는 참고 기다리며 노력해야만 얻을 수 있는 인내의 결과인 것입니다.

꿀벌이 1파운드의 꿀을 채취하기 위해서는 5만 6천 송이의 꽃을 방문해야 한다고 합니다. 클로버 꽃의 경우 한 송이 안에 60개의 튜브가 있어서, 336만 번의 작업을 거쳐야만 1파운드의 꿀을 얻게 된다고 합니다.

'인내(Patience)'라는 말은 고통받는 것(to suffer)을 의미하는 라틴어 동사

'파티오로(Patior)'에서 왔습니다. 인내로 기다린다는 것은 현재 순간에도 고통을 받으며, 땅에 심어진 씨앗이 큰 나무로 자라나도록 기다리는 것을 말합니다.

아담 클라크는 성경을 주석하는 데 40년의 세월을 바쳤으며, 조지 반크로프트는 미국의 역사를 쓰는 데 그의 생애의 26년을 바쳤고, 헤밍웨이는 『노인과 바다』의 원고를 80번이나 다시 썼다고 합니다. 위대한 식물학자 루터 버뱅크는 콩, 오이, 사과, 옥수수, 감자, 복숭아 및 많은 화초의 개량종을 만들기 위해 무려 6천 번의 실험을 하여 성공의 열매를 거두었습니다.

성공의 비결은 '첫째도 끈기, 둘째도 끈기, 셋째도 끈기', 이제는 고인이 된 현대건설 정주영 회장의 유명한 말을 기억해야겠습니다.

인생에는 일이 뜻대로 되는 날보다 뜻대로 되지 않는 날이 더 많습니다. 그렇기 때문에 인내가 필요한 것입니다. 99도일 때 1도를 더 갈 수 있는 최후의 용기가 있어야 합니다. 인내가 바닥났을 때, 성공이 코앞에 다가왔다는 것을 알아야 합니다.

행복과 성공

성공을 위해서 얼마나 더 높이 올라가야 하는 것일까.

행복은 갖고 싶은 것, 보고 싶은 것, 먹고 싶은 것을
다 가지고 채우면 느낄 수 있는 것일까.

아니다.
행복은 채우는 것이 아니라 비우는 것이고
성공은 올라가는 것이 아니라 낮아지는 것이다.

그렇다면
어디까지 비우면 행복해지는 것일까.
어디까지 낮아져야 성공하는 것일까.

어디까지?
OK. 마음이 행복할 때까지…….

나는 사람답게 사는 건가요

부족한 사람으로서 삶을 진지한 태도로 살아갈 때
나는 가장 인간답게 사는 사람

예측할 수 없는 미래, 꿈이라도 잘 꾸자

현재 시점에서 과거를 정확하게 알 수 있다고 하더라도 미래에 대해서는 한 치 앞을 볼 수 없는 것이 보통 사람들입니다. 물론 예언이나 미래를 볼 수 있는 특수한 사람을 빼고는 말입니다.

최근 지방선거가 한창입니다. 저마다 '누가 유리하다' 당선을 예측하곤 합니다. 그러나 정확하게 누가 될 것인지를 맞추는 것은 정말로 어렵습니다. 그러나 결과가 발표가 되고 나면 마치 당연하다는 듯 여러 가지 이유를 들어 변명 또는 해명하는 사람들이 많습니다. '누구를 지지할걸', '누구를 찍을걸', ~걸, ~걸, ~걸, 하면서 마치 다 맞힐 수 있었던 것처럼 말합니다. 그러나 2명의 후보 중에서 1명을 맞히는 것도 그다지 쉽지는 않습니다.

카지노에서 '바카라'라는 게임이 있습니다. 일종의 홀짝을 맞히는 게임으로 말할 수 있는데, 두 장을 가지고 양쪽 편 중에서 어느 쪽이 이기는가를 결정하는 게임입니다. 게임의 결과는 어떨 때는 한 번 이기고 한 번 지고를 번복하지만 어떤 경우에는 한쪽이 여러 번을 계속해서 이기는 경우도 있습니다. 그런 경우를 전문용어로 '줄을 탄다'고 합니다. 사람들은 그 패턴을 나름대로 판단해 보고 이쪽저쪽 아니면 계속 한쪽에 베팅을 걸기도 합니다. 필자가 본 경험으로는 한쪽 편이 열여섯 번까지도 이기는 경우가 있었습니다.

만약 어떤 사람이 열여섯 번을 한쪽으로 베팅을 해서 이겼다면 엄청난 돈을 벌었을 것입니다. 그러나 대개는 이쪽저쪽을 왔다 갔다 하면서 돈을 잃는 경우가 대부분입니다. 그런데 만약 계속 다른 쪽에 승부를 걸었다면 엄청난 돈을 잃었을 것입니다. 하나의 게임을 두고도 승과 패가 확실히 구분되어 나타나는 것이 인생입니다.

한 치 앞을 볼 수 없는 우리는 마치 지나고 나면 모든 것이 쉽게 느껴집니다. '아하, 한쪽으로 계속했으면 얼마를 땄을 텐데……. 그렇게 할걸' 하고 쉽게 말하지만 정작 현실에 닥쳐서는 홀짝 하나도 제대로 못 맞히는 것이 보통사람들인데도 말입니다.

우리는 현재를 살면서 착각을 많이 하고 살아갑니다. 현재는 과거에 대한 회상뿐 아니라 미래에 대한 예측의 기준이 됩니다. 그러나 미래에 대한 상상이 현재에서 크게 벗어나지 못하게 되는 것은 현재와 미래가 별반 다르지 않다고 생각하기 때문입니다. 마치 자동차를 타고 터널 속으로 들어가면 터널 안만 보이고 터널 밖은 보이지 않는 현상과 같은 원리라고 할 수 있습니다.

터널을 빠져나갔을 때, 황금빛 노을인지 폭풍우 치는 밤인지, 어떤 상황이 펼쳐져 있는지는 쉽게 예측할 수 없습니다.

그러나 성공한 사람들이 말하는 것처럼 인생이 꿈꾸는 대로 이루어지는 것이 사실이라면, 터널 안에서는 꿈꾸는 것 외에는 아무것도 할 수 있는 것이 없습니다.

따라서 부족한 인간으로서 한계를 가지고 있는 사람으로서, 한 치 앞을 모르는 사람으로서 미래에 잘 살기 위해서는 꿈을 잘 꾸어야 하는 것입니다. 인생도 지나고 나면 한낱 꿈에 지나지 않습니다. 꿈이라도 잘 꾸어야 하겠습니다.

마이너스가 있는 사고방식을 조심하자

일본 최고의 성공기업가인 교세라 그룹 명예회장 이나모리 가즈오는 『까르마경영』에서 인생의 결과를 '인생(일)의 결과=① 사고방식 × ② 능력 × ③ 열의'라는 공식으로 표현하였습니다.

여기서 능력이란 재능이나 지능으로 선천적으로 갖고 태어난 자질을 의미합니다.

열의란 일을 하고자 하는 정열이나 노력하는 마음입니다. 이 둘은 자신의 뜻으로 조절할 수 있는 후천적인 요소로 0점에서 100점까지 점수를 매길 수 있다고 합니다.

첫 번째 항목의 사고방식이란 소위 마음가짐이나 삶의 자세 또는 철학, 이념, 사상 등을 포함하는 것으로 이 사고방식에 따라 인생이 결정된다고 해도 과언이 아닐 정도로 세 가지 요소 중 가장 중요한 요소입니다.

그런데 여기서 사고방식이 중요한 이유는 바로 마이너스 점수가 있기 때문입니다. 즉 플러스 100점에서부터 마이너스 100점까지 매길 수 있는 것입니다.

뛰어난 재능을 가진 사람이 정성과 열의를 기울여 사기나 절도와 같은 범죄를 저지르는 '일'에 힘쓴 경우를 예로 든다면 사고방식이 얼마나 중요한지를 알 수 있습니다.

또한 이 공식에서 기억할 것은 인생이나 일의 결과가 이 세 가지 요소를 더한 것이 아니라 곱한 것이라는 점입니다. 능력이 아무리 뛰어나더라도 열의가 없으면 많은 점수를 받을 수 없는 것에 비해 더불어 능력이 좀 모자라도 땀 흘리며 열심히 발로 뛸 수 있는 열정이 있다면 좋은 점수를 받을 수도 있는 것입니다.

특히 중요한 점은 능력과 열정이 아무리 뛰어나더라도 사고방식이 마이너스라면 점수는 높을지언정 결과는 마이너스 값이 나오게 됩니다. 그런 의미에서 좀 모자라는 사람이 점수는 낮아도 잘나고 사고방식이 마이너스인 사람보다는 훨씬 더 나은 것입니다.

재산은 불어나기도 하지만 줄어들기도 합니다. 재산을 늘리기 위해 능력과 열의를 쏟아도 잘못된 사고방식으로 재산을 불리게 되면 인생의 결과는 잘못된 결과가 나올 것입니다. 게임은 이길 수도 있지만 질 수도 있습니다. 게임에 이기기 위해 열의와 능력을 쏟아 부어도 도박과 같은 게임에 몰입하게 되면 잘못된 결과가 나올 수 있습니다. 사랑할 때는 뜨겁게 열과 성의를 다하지만 잘못된 관계에서 사랑이 식으면 열과 성의를 다한 만큼 미움과 원망이 생겨날 수 있습니다. 믿음과 신뢰는 나에게 이익이 될 것이라는 기대, 의지할 수 있다는 희망이었으나, 언젠가 배신과 불신이 생기게 되면 후회로 돌아올 수밖에 없습니다.

우리가 살면서 열의와 노력을 가지고 살되, 마이너스가 있는 것들은 특히 잘 관리해야 합니다. 그래야 인생에서 좋은 점수를 받을 수 있습니다.

일상생활은 깨달음을 얻기 위해 수행하는 곳이다

인격을 수양하고 영혼을 닦기 위해 어떻게 하면 좋을까요?

산속에 들어가거나 폭포수를 맨몸으로 맞는 등의 어떤 특별한 수행이 필요한 것일까요? 정말로 그렇다면 이 세상 힘들고 지친 사람들은 모두 다 산속으로 들어가야 할 것입니다.

결론은 '그렇지 않다'입니다. 오히려 이 세상에서 하루하루 열심히 일하는 것이 더 중요하다고 믿고 싶습니다.

크리스천이 교회에서 기도하는 것보다 일터에서 빛과 소금의 역할을 하는 것이 더 중요하고, 원수를 사랑하라고 백 번 외치는 것보다 한 번 화해하고 불쌍한 사람을 도와주는 것이 더 중요한 것처럼 또는 불교를 믿는 사람이 절에 가서 백 번 절하는 것보다 한 번 자비를 베푸는 것이 좋은 것처럼 말입니다.

석가모니는 깨달음의 경지에 도달하는 수법의 하나로 '정진(精進)'을 중시했습니다. 정진이란 열심히 일하는 것, 한눈팔지 말고 눈앞의 일에 열중하는 것을 일컫는 말입니다.

일반적으로 사람들은 노동을 양식과 보수를 얻기 위한 생활의 수단쯤으로 생각합니다. 가능한 급료는 많이 받되 짧은 노동시간을 원하며, 남는 시간에 취미나 여가를 즐기고 싶어 합니다. 그리고 그것을 풍요로운 인생이라고 생각하는 것 같습니다. 그러한 인생관을 가진 사람 중에서는 노동을 일종의 필요악이라고 생각하는 사람도 많습니다.

그러나 노동이란 인간에게 보다 깊고 숭고하며, 큰 가치와 의미가 있는 행위입니다. 노동은 욕망을 뿌리치고 마음을 갈고닦으며 인간성을 계발하는 효과를 가지고 있습니다. 그래서 날마다 하는 일에 최선을 다하고, 생명력을 불어넣는 것이 무엇보다 중요하며 그것이야말로 영혼을 닦고 마음을 수양하는 숭고한 '수행'인 것입니다.

즉, 일과 수행은 둘이 아니라는 것입니다. 굳이 속세를 떠나지 않더라도 하루하루의 일에 충실함으로써 고매한 인격을 가질 수 있고, 더불어 훌륭한 인생도 누릴 수 있습니다.

수영을 배우려면 물에 들어가야 합니다. 책상 위에서 공부만 해서는 헤엄을 칠 수 없습니다. 물속에서 정신없이 손발을 휘젓다 보면 익힐 수 있는 것이 바로 수영이듯이 현장에서 땀 흘리지 않는 한 경영을 배울 수는 없습니다. 위대한 일을 해낼 수 있는 지혜는 경험을 쌓아 나가는 가운데 얻을 수 있습니다. 직접 몸을 던져 몸소 체험한 것이야말로 가장 귀중한 재산이 될 수 있습니다.

깨달음도 마찬가지일 것입니다. 어려운 수행으로만 인간성을 향상시킬 수 있는 것은 아닙니다. 그저 평소의 삶 속에서 자신에게 주어진 역할 혹은 사회적 일이든, 가정의 일이든, 자신이 해야 할 일을 묵묵하게, 게으름 피우지 않고 꾸준히 지속하는 것, 그 자체가 인격 연마를 위한 수행인 것입니다.

끊임없는 정진 없이 명인의 경지에 도달한 사람은 없습니다. 물론 끊임없이 정진했다고 모두 명인의 경지에 도달한다는 보장은 없습니다. 그러나 자신의 일을 진정으로 좋아하고 누구에게도 지지 않을 만큼 노력을 쏟으며, 정성과 영혼을 깃들여 일에 전념하는 것만으로도 우리는 생의 의미와 가치를 알 수 있고, 동시에 마음을 수양하고 인격을 연마하여 인생의 진리를 체득할 수 있습니다.

인생은 어떻게 살아야 한다고 가르쳐 주는 것이 아닙니다. 권고하는 것도 아닙니다. 사전에 또는 성서에 써야 하는 것도 아닙니다. 인생은 그냥 살아가는 것이며, 그것 자체가 바로 수행인 것입니다.

인생

헤어짐이란 없습니다.
이별이란 말도 없습니다.

태어날 때 그랬듯이 죽을 때도
그저 나 혼자일 뿐입니다.

서운할 것도 없습니다.
서러울 것도 없습니다.
아쉬울 것도 없습니다.
주위를 둘러보고 도움을 찾을 필요도 없습니다.

인생은 그냥 그렇게 혼자 살아가는 것입니다.

베푸는 것이 곧 수행이다

불교에서 말하는 열반의 경지에 들어선다는 것은 불도(佛道)를 완전하게 이루어 일체의 번뇌를 해탈한 최고의 경지를 말합니다.

원래 열반이란, 산스크리트의 '니르바나'의 음역인데, 본뜻은 '불어서 끄는 것', '불어서 꺼진 상태'를 뜻하는 것으로, 마치 타고 있는 불을 바람이 불어와 꺼 버리듯이, 타오르는 번뇌의 불꽃을 지혜로 꺼서 일체의 번뇌와 고뇌가 소멸된 상태를 가리킵니다. 그때야 비로소 최상의 안락이 실현된다는 것입니다.

모든 번뇌는 나로 인해 생기는 것이기 때문에 일체의 번뇌를 끄고 해탈하려면 나를 완전히 비워야 하며, 내가 가진 것들을 아낌없이 나누어 줄 때 가능할 것입니다. 결국 잘 수행하기 위해서는 잘 베풀어야 하는 것입니다. 베푸는 방법에는 여러 가지가 있지만 부처님의 방법을 빌리자면 다음과 같습니다.

첫째, 여러 사람에게 골고루 베풀어야 합니다.

부처님의 양모였던 마하파사파제 비구니가 새로 만든 비단옷을 가지고 부처님께 공양을 올리려 하였습니다. "세존이시여, 이 비단옷은 부처님께 드리려고 손수 만든 것입니다. 이것을 받아 주시어서 공덕을 얻게 하소서." 그러자 부처님께서는 말씀하셨다고 합니다. "그 옷을 대중에게 보시하시요. 그 공덕은 내게 공양한 것과 다름이 없습니다." 마하파사파제 비구니가 세 번씩이나 청했으나 부처님은 세 번이나 같은 말씀으로 대답하셨다고 합니다.

"사람을 가리지 말고 평등한 마음으로 골고루 보시하라. 그러한 공덕은 내게 보시한 공덕과 다름이 없느니라."

둘째, 가난한 사람에게 베풀어야 합니다.

한 천자가 복을 누리고자 한다면 어떻게 해야 하는지를 여쭈었습니다. 이에 부처님께서 "탐내고 인색하거나 가난을 벗어나지 못함은 전에 은혜로 베풀지 않은 탓이니 만약에 복덕을 누리고자 한다면 마땅히 널리 베풀어야 하리라"라고 말씀하셨습니다.

분수에 넘는 탐욕보다 두려운 것 없고, 탐욕을 벗어나지 못하면 언제나 궁핍을 벗어나지 못하며, 가난을 탓하면서 베풀어 보시하지 않으면 가난의 두려움에서 벗어날 수 없습니다. 설령 신에게 백, 천 번 제사하고 모든 중생에게 공양하더라도 가난한 사람에게 기쁨으로 베푼 공덕의 16분 1에도 미치지 못하고 또한 남에게 고통을 주면서 얻은 재물로 거창하게 베푼다 해도 깨끗한 재물로 베푸는 작은 보시의 공덕에는 비교할 수 없습니다.

셋째, 가리지 말고 베풀어야 합니다.
어느 날 미륵보살이 부처님께 문안을 드리고 여쭈었습니다. "보살은 몇 가지의 법을 성취해야 보시 바라밀을 행하고 육바라밀을 갖추어 깨달음을 이룰 수 있나이까?"

부처님께서는 "모든 생명은 먹어야 살 수 있으므로 벽지불에서 범부에 이르기까지 사람을 가리지 않고 평등하게 보아 베풀어야 한다"라고 말씀 하셨습니다. 또한 "보살이 보시할 때에는 자기만의 깨달음을 위해서 말고, 모든 중생들의 공덕을 위해서 해야 한다"라고 말씀하셨습니다.

넷째, 때를 맞추어 베풀어야 합니다. 부처님께서 지혜로운 사람은 때를 따라 보시하되 아끼거나 탐내는 마음이 없어 자기가 지은 공덕을 이웃에 게 돌린다고 하셨습니다.

다섯째, 깨끗한 마음으로 베풀어야 합니다. 부처님께서 카필라국의 니그 로다 동산에 계실 때 아난에게 말씀하셨습니다. "베푸는 사람이 청정하면 받는 이가 없다는 것은 무엇인가? 베푸는 사람이 상(相)을 갖지 않는 것이 니, 말이 선하고 행동이 착하며, 그 마음이 깨끗하고, 생활하는 것이 깨끗 하여 그 사람의 생각도 깨끗한 것을 말한다. 이런 사람이 베풀면 자신이 남에게 베푼다는 상(相)이 없기 때문에 받는 사람 역시 없다고 말한다. 그러나 베푸는 사람이 베푼다는 상(相)을 가지면 청정하다고 말할 수 없다.”

베풀되 깨끗한 마음으로 그리고 베풀었다는 생각은 애초부터 잊어야 하겠습니다.

여섯째, 한결같이 베풀어야 합니다.

부처님께서 사위성 기원정사에 계실 때 수달다 장자에게 말씀하셨습니다. “장자여, 그대는 항상 가난한 사람들에게 널리 베푸는가?” “그러하나이다. 성문 밖으로 찾아가 보시하고 집에 찾아오는 사람들에게도 널리 보시하나이다. 저는 들에 사는 개나 새들에게도 보시합니다. 저는 이들에게는 주고 저들에게는 주지 말라고 생각하거나 이들에게는 많이 주고 저들에게는 적게 주자고 생각하지 않나이다. 모든 중생은 먹어야 목숨을 유지할 수 있음을 알아 모든 중생에게 고루 보시하나이다.”

“장자여, 그대는 참으로 장하도다. 너는 보살의 마음으로 한결같이 보시하는구나”라고 말씀하셨습니다. 한결같이 베풀되, 베풀고 나서 후회해서는 안 되겠습니다.

일곱째, 서원을 세우고 베풀어야 합니다.

부처님께서 사위성 기원정사에 계실 때였습니다. 어느 날 아나타 편디카 장자가 부처님께 문안을 드렸는데, 이때 부처님께서 물으셨습니다. “너는 집에서 항상 보시하느냐?" "항상 보시합니다만 음식이 추해서 보통 때와 다르나이다." "보시할 때 그것이 많거나 적거나 좋거나 나쁘거나 간에 정성을 들이지 않고 원을 세우지도 않으며, 믿는 마음도 없으면 그 과보는 즐겁지 못하느니라. 그러므로 정성껏 마음을 쓰고 차별을 두지 않으며 후세에 다리(橋)가 되겠다고 서원하면 그 과보가 훌륭하니라. 먼 옛날 빌라마라는 범지가 팔만사천의 금은 등을 팔만사천의 미녀들에게 보시하였다. 그러나 그런 보시는 집 한 칸을 지어 수행하는 출가자에게 보시하는 것만 못하다. 또한 한 사람의 수행자에게 보시하는 것은 부처와 법과 승단에 귀의하는 것만 못하다. 수행자에게 보시하고 삼보에 귀의하였다 하더라도 스스로 오계를 받아 지키는 것만 못하다. 오계를 받아 지키더라도 잠깐 동안만이라도 모든 생명을 사랑하고 가엾이 여기는 것만 못하느니라. 그리고 그렇게 보시하더라도 모든 법이 무상하여 집착할 것이 못 된다는 것을 깨닫느니만 못하리라"라고 말씀하셨습니다.

결국 열반이란 어떤 특별한 경지로서 실재하는 것으로도 생각할 수도 있지만, 이 세상에서 일체의 번뇌가 없고, 깨달음을 구하고 구도자로서 남을 위해 살아간다면 그곳이 열반의 세계가 아닐까 합니다.

깨달음을 얻기 위해서는 먼저 베풀어야 합니다. 먼저 베풀면 깨달음도 얻을 수 있습니다. 베푼 것이 있은 후에야 받을 것도 생깁니다. 나누는 것이 곧 수행입니다.

사랑도 '소유' 아닌 '존재'가 되어야 한다

20세기 들어 전 세계적으로 유행하고 있는 공통적인 가치관은 아마도 '눈에 보이는 것은 믿는다'는 것과 '행복하게 살려면 많은 돈이 꼭 필요하다'는 가치관일 것입니다. 눈에 보이지 않는 것은 믿을 수 없는 것이므로 이 세상에서 보다 확실하고 안전한 삶을 살기 위해서는 '눈에 보이고 손에 잡히는 것들이야말로 중요한 것'이라는 것에 기반을 두고 있는 생각일 것입니다.

자본주의의 부작용은 많겠지만 그중에서도 가장 큰 문제는 인간의 삶을, 소유를 추구하는 삶으로 변질시킨 것이 아닐까 합니다. 세상 사람들 대다수가 더 많이 소유하기 위해 난리법석들입니다. 돈은 곧 행복이요, 성공의 상징이 되어 버렸습니다.

이런 사고방식은 자신이 소유하고 있는 것을 자신의 존재가치와 동일시하는 결과를 가져오게 하였습니다. 내가 가진 집이나 자동차, 돈, 직장에서의 위치 등이 사회 속에서 나의 위상과 권위를 표현하는 것으로 인식하게 만들었다는 것입니다.

그러나 이러한 인식은 깨질 수밖에 없는 것이 내가 소유한 것이 나 자신이라면 소유한 것이 없어지는 순간 나도 없어져야 하고, 내가 없어지면 내가 소유하던 것도 없어져야 하지만, 내가 가지고 있던 집, 차, 직장, 돈 모두 다 잃었다 한들 나는 사라지지 않고 존재하고 있기 때문에 사람들은 갈등과 번뇌를 하지 않을 수 없습니다. 당연한 말이지만, 소유한 것들이 우리 자신과 같을 수는 없습니다. 나라는 존재는 목숨이 붙어 있는 한 존재하는 사람이며, 반면 죽을 때는 한 푼도 가져갈 수 없는 것이 소유이기 때문입니다.

20세기 사상가 중 가장 영향력 있는 한 사람인 에리히 프롬(Erich Fromm)은 그의 저서 『소유냐 존재냐』에서 소유의 삶에서 존재의 삶으로 옮겨 갈 것을 강조하고 있습니다. 같은 물건을 사면서도 존재의식을 갖고 구매하는 사람은 그 물건을 통해 맛보게 될 새로운 경험에 주목하지만 소유 프레임을 갖고 구매하는 사람은 소유 자체에 초점을 맞춘다고 합니다.

가령 책상과 의자를 구비하는 경우, 소유의 프레임을 가진 사람은 단순히 '가구를 장만하는 것'으로 간주하고 남들보다 더 좋은 가구를 소유하려고 하지만, 존재의 프레임을 갖고 있는 사람은 책상과 의자에 앉아서 책을 읽거나 글쓰기를 상상하는 것입니다.

'소유는 사물과 관계하며, 존재는 체험과 관계한다.' 그는 유형적 가치에 연연하지 않고 체험, 교육, 경험 등을 중요시하며 자신 내부에 보다 큰 가치를 쌓는 삶이야말로 진정 인간이 '존재'로서 살 수 있는 길이라고 말하고 있습니

다. 소유의 프레임보다 존재의 프레임이 삶의 질에 더 중요하기 때문에 살아
가면서 '소유'보다 '존재'에 더 많은 가치와 의미를 부여해야 한다는 것입니다.

좋아하는 것(like)과 사랑(love)하는 것과의 차이점을 소개하는 글을 읽고
공감한 적이 있습니다. 좋아하게(like) 되면 먼저 드는 느낌은 소유요, 집착
이라고 합니다. 길을 가다가 좋아하는 꽃을 만나게 되면 대부분 소유하고
픈 마음에 꽃을 꺾고 맙니다. 연애할 때는 멋지고 예쁜, 비주얼이 좋은 사
람을 찾습니다. 그 사람을 소유하고 마치 내가 더 대단한 사람인 것처럼 어
깨가 으쓱 올라갑니다.

그러나 꽃을 사랑하게 되면 그 꽃이 피어 있는 것 그 자체로도 행복하기
만 합니다. 그 꽃을 바라보기만 해도 흐뭇합니다. 살아 있는 것만으로도 행
복할 수 있는 것, 그것이 존재입니다. 소유라는 것은 말 그대로 내가 누군
가의 것이 되거나, 다른 이의 권리를 내가 모두 가져오는 것을 말합니다.
소유당하는 사람의 입장에서는 자유를 빼앗기게 되는 것입니다.

다소 어색한 논리가 될 수도 있겠지만 누군가를 진정으로 사랑하는 것
은 소유하고, 집착하기보다는 그가 더 높이 비상할 수 있도록 날개를 달아
주고, 그의 삶이 더욱 찬란히 빛을 발하도록 자유를 주어야 하는 것입니다.
사랑도, 인생도 '소유'가 아닌 '존재'가 되어야 합니다.

공부 잘하는 사람보다는
남을 배려하는 사람이 되자

우리나라는 학업을 잘 따라가는 아이와 그렇지 못한 아이를 나누어 전자를 우월하게 대하는 학력사회가 되어 가고 있습니다. 이런 상황은 젊은이들의 직장관 및 부모들의 가치관 역시 무너뜨리고 있습니다.

또한 극심한 취업난 속, 대부분 구직자들은 괜찮은 스펙을 만드느라 휴학에다 해외연수까지 불사합니다. 취업 포털사이트에는 "취업 스펙의 3대(大) 요소는 학벌, 학점, 토익"이라든지, "무슨 말씀? 학벌, 학점, 토익에다 인턴십, 자격증에 봉사활동까지 '6종 세트'가 갖춰져야 한다"는 등의 글들로 가득합니다.

세상에는 수많은 직업이 있고 각각의 분야에서 많은 사람들이 열심히 일하고 있으며, 그렇기 때문에 사회나 인간이 다양하게 존재한다는 사실을 가르쳐야 함에도 불구하고 교육이 너무나 획일적 일변도로 돌진하고 있는 것이 아닌가 자못 걱정이 됩니다.

고등학교 시절 전교 1등을 한 번도 놓치지 않을 정도로 수재였던 학생이 미국으로 유학을 갔다고 합니다. 미국의 명문 사립 고등학교에 편입해서도 계속 수석만 했던 학생은 컬럼비아 의과대학에 지원을 했습니다. 우리나라 수능시험과 유사한 SAT 시험에서 최고점을 받았기에 합격을 낙관하고 있던 그 학생에게 뜻밖에도 불합격 통지서가 날아왔습니다. 대학 측의 불합격 사유는 이러했다고 합니다.

"귀하는 성적, 출석사항 등 모든 점에서 최우수였지만 한 가지가 빠져 있었습니다. 당신은 헌혈을 한 기록이 단 한 차례도 없습니다. 의사가 되기 원하면서 타인을 위하는 마음이 없는 학생은 저희 의과대학에서는 필요치 않습니다."

필자가 오래전 학교 선배님께 들은 말씀 중 '수재인 패배'라고 하여 머리 좋은 사람이 실패한다는 말씀을 들은 적이 있습니다. 또한 역사를 통해서 볼 때 공부만 잘해서 대통령이 된 사람은 없습니다. 머리 좋은 사람이 운 좋은 사람 못 당하고, 운 좋은 사람은 복 있는 사람을 못 당하는 것입니다.

보이지는 않지만, 오히려 남을 배려하는 사람이 인복을 받아 더 훌륭하게 된다는 것을 알아야 하겠습니다.

생일 엽서
Happy Birthday

딸의 생일날 선생님께서 주신 엽서입니다.

민주야!

너 그거 아니?

우리가 얼마나 어렵게 만난 사이인지.

^^ 샘이 안드로메다에서 태어날 뻔했는데,
‿ 너 만나려고 지구로 왔잖아……. ㅋㅋ

축하해! 생일.

지구별 오느라 고생 많았다.

행복을 위해 낮은 곳을 바라보자

　서울대 최인철 교수의 『프레임』이라는 책에서 소개하는 미국 코넬대 심리학과 연구팀의 올림픽 메달리스트들이 게임 종료 순간에 갖는 감정을 분석한 자료가 의외로 재미있습니다.

　10점 만점으로 평가할 때 동메달리스트의 행복 점수는 7.1인 반면에 동메달보다 높은 은메달리스트의 행복 점수는 4.8로 오히려 동메달리스트보다 낮게 나타났습니다. 어떻게 이런 현상이 생겼을까요? 선수들이 자신들이 거둔 객관적인 성취를 가상의 성취와 비교하여 주관적으로 재해석했기 때문이라고 하는데, 은메달리스트는 가상의 성취는 금메달이었으나 은메달을 성취하였기 때문에 실망스러운 것인 반면 동메달리스트들은 4등 했으면 못 땄을 것을 동메달이라도 땄기 때문에 그나마 만족할 수 있었던 것이라고 합니다. 금메달을 목표로 도전했던 은메달리스트보다 훨씬 좋았던 것입니다.

　또 이 연구팀은 올림픽 중계 자료 중에서 메달리스트들이 게임 종료 순간에 어떤 표정을 짓는지도 평가하였는데, 분석결과 게임이 종료되고 메달 색깔이 결정되는 순간 동메달리스트의 행복 점수는 10점 만점에 7.1로 비통보다는 환희에 더 가까운 점수인 반면 은메달리스트의 행복점수는 고작 4.8로 환희와는 거리가 먼 감정 표현이었다는 것입니다. 시상식에서도 동메달리스트의 행복 점수는 5.7이었지만 은메달 리스트는 고작 4.3에 그치고 말았습니다. 은메달리스트는 '거의 ~할 뻔했는데'라는 아쉬움을 많이 드러낸 반면, 동메달리스트는 '적어도 이것만큼은 이루었다'는 만족감을 나타낸 것입니다.

객관적인 성취의 크기로 보자면 분명 은메달리스트가 동메달리스트보다 더 큰 성취를 이룬 것이 분명합니다. 그러나 주관적으로 경험한 성취의 크기는 이와는 반대로 나왔던 것입니다.

마음의 행복은 다른 사람과 비교하지 않는 데 있는 것 같습니다. '누구는 어느 학교를 나왔는데', '누구네 아빠는 월급이 얼마라던데', '누구네 집안은 어떻다던데', '누구네는 좋은 아파트로 이사한다던데' 등 남들과 비교하기 시작하면 만족의 상태는 사라지고 '남들보다 많아야만 좋은 것'이 될 수 있습니다.

우리가 행복해지기 위해서는 남들과의 비교보다는 과거의 자신보다 현재의 자신이 얼마나 향상되어 가고 있는지, 자신이 꿈꾸고 있는 미래의 모습에 얼마나 근접해 있는지를 확인하는 시간상의 비교가 훨씬 더 생산적인 방법이라고 합니다.

다른 사람들보다 물질적으로 더 잘사는 것이 주는 일시적인 만족보다는, 남과 상관없이 '최선의 나'를 추구하는 것이 진정한 마음의 행복일 것입니다.

비교하는 순간 불행은 시작되고 낮은 곳을 바라보는 순간 마음은 부유해질 수 있습니다.

남의 일도 내 일처럼

사람들은 길을 가다가 교통사고 현장을 보면 혀를 끌끌 차지만 나중에 막상 자신에게 닥치면 '어떻게 이런 일이' 하며 믿기지 않는다고 하소연합니다. 이러한 생각의 시작은 '나는 특별하다', 매사에 '나는 예외일 거다', '모든 불행은 나와 상관없는 일이다'라는 착각 때문인 것 같습니다.

얼마 전까지만 해도 신종플루가 대단히 유행하였습니다. 학교에 수십 명의 자녀가 신종플루에 걸려 결석을 하기도 하여 휴교령이 내려지기까지 하였습니다. 그러나 정작 부모들은 우리 집 아이가 신종플루에 걸릴 것이라는 생각은 하지 않습니다.

미국, 영국 등 서유럽에는 '착한 사마리안 법'이 있다고 합니다. 몇 년 전 영국의 황태자 다이애나 비가 교통사고를 당했을 때 도와주지 않고 사진만 찍은 파파라치가 이 법에 의해 징역 5년 처벌을 받았다고 하는데, 성경 말씀 누가복음 10장 30~37절에서 유래된 법으로, 위험에 처한 사람을 구조하는 과정에서 구조 불이행을 저지른 사람을 처벌하는 법입니다.

어떤 사람이 예루살렘에서 여리고로 내려가다가 강도를 만나게 되었습니다. 그러나 종교적으로 거룩한 직업을 가진 제사장과 레위인은 이 다친 사람을 보고 피해 갑니다. 하지만 그 당시 유대인들에게 멸시당하며 사는 이방인 사마리아인은 강도를 만난 사람의 상처를 싸매어 주고 짐승에 태워 주막으로 안내를 하게 됩니다. 그리고 다음 날 아침 사마리아인은 주막을 떠나면서 주막 주인에게 돈을 내어 주는 등 친구나 형제에게 기대할 수 있는 친절과 관용을 베풀었던 것이었습니다.

이를 보고 예수님은 "이 세 사람 중에 누가 강도 만난 자의 이웃이 되겠느냐"라고 물으셨습니다. 즉 "이들 중 누가 이웃이 할 일을 했느냐"라고 물었던 것입니다.

요즘은 사회가 남의 일에 대해 너무 무관심하다 보니 각종 흉악한 범죄가 일어나도 속수무책입니다. 폭력을 당하고 불의한 일이 일어나도 괜히 참견했다가 나만 손해 볼지도 모른다는 극히 이기적인 생각에서 몸을 사리고 외면해 버리는 사회분위기가 범죄자들을 더욱 대담하게 만들고 있는 것은 아닌지 모르겠습니다.

'금지타사(今之他事)는 후지아사(後之我事)'라는 옛말이 있습니다.

지금의 남의 일이 나중에는 나의 일이 된다는 뜻으로, 오늘은 남의 집 상가에 문상객이지만 다음은 내가 상갓집 초상화의 주인공으로 문상객을 받게 된다는 것입니다. 오늘은 남이 강도를 만났지만 내일은 내가 강도를 만날 수 있다는 것입니다. 생로병사 등 각종 사고와 질병으로부터 나를 포함한 누구라도 예외일 수 없다는 의미입니다.

이런 의미에서 "네 이웃을 내 몸과 같이 사랑하라"라는 성경의 말씀은 남의 일을 내 일처럼 관심을 가지라는 말로 해석할 수 있습니다. 남의 고통도 나의 고통처럼 느껴야 하며, 남의 죽음도 나의 죽음처럼 슬퍼해야 합니다. 왜냐하면 남과 나는 오늘과 내일의 시간 차이가 있을 뿐 결코 다르지 않기 때문입니다. 남의 일은 곧 나의 일인 셈입니다.

"네 이웃을 내 몸과 같이 사랑하라"라는 성경 말씀은 "금지타사는 후지아사"와도 같은 가르침의 말씀입니다.

큰 행운을 바라기보다는
복을 먼저 쌓자

살아가면서 행복하게 살고 싶지 않은 사람이 없듯이, 복을 받기를 원하지 않는 사람도 없을 것입니다. 그러나 복과 운을 잘 구별하는 사람은 많지 않습니다.

복(福)을 한자로 풀어 보면 '복, 복을 내린다'는 뜻으로 조상에게 제사를 올리면 복을 받는다는 뜻으로 해석하고, 운(運)은 '돌다, 회전하다'란 뜻으로 회전하다가 만나는 정도라고 해석하고 있습니다.

영혼박사 차길진 법사님은 『영혼 산책』에서, 한마디로 복은 본인이 저축한 예금이고, 운은 은행에서 일시적으로 대출받은 대출금으로 은행에서 대출금을 제때 갚지 못하면 차압이 들어와 파산하는 것과 같다고 합니다.

복과 운은 사람마다 쌓은 정도가 달라서 누구는 마이너스 통장일 수 있고 누구는 평생 걱정 안 해도 될 정도의 거액 통장일 수가 있습니다. 또한 누구는 다가오는 시기가 달라 초년에 일찍 올 수가 있는 반면에 늦게야 성공하는 사람 혹은 죽은 후에 이름을 날리는 사람도 있습니다.

우리가 실수하지 않고 잘 살 수 있기 위해서는 운과 복을 잘 구별할 줄 알아야 합니다. 생활 속에서 사례를 예로 들어 보면, 복권 당첨, 경마에서 돈을 따거나 카지노에서 슬롯머신에 당첨되는 것은 운에 가깝습니다. 실제로 거액의 복권에 당첨되어 수백억 원의 돈을 받은 후 인생의 낙오자로 전락한 사람들이 오히려 많기 때문입니다. 간혹 초심자의 행운이라고 하여 완전 초짜들이 큰돈을 벌 때가 있지만 초심자의 행운을 맛본 사람치고 망하지 않은 사람이 없습니다. 결국 그것이 화근이 되어 더 큰 금액을 잃어버리기 때문입니다.

복이 없는 사람과 복 있는 사람의 차이는 엄청나게 큽니다. 복 없는 사람은 뒤로 넘어져도 코가 깨지고, 접시 물에도 빠져 죽을 수 있습니다. 반면 복 있는 사람은 뒤로 넘어져도 동전을 줍는 사람이 될 수도 있으며, 골프를 칠 때 OB가 나다가도 볼이 나무나 돌에 맞고 튕겨 나와서 홀인원도 할 수 있다는 것입니다. 즉, 복 있는 사람은 위기가 기회로 전환될 수 있다는 것이지만 복 없는 사람은 모처럼 찾아오는 인생의 기회가 오히려 화근이 되어 되돌아올 수 있는 것입니다.

누구나가 대박(행운)을 꿈꾸지만, 받쳐 줄 복이 없다면 행운은 패망의 지름길이 될 수 있다는 것을 알아야 합니다. 그래서 대박을 꿈꾸기에 앞서 먼저 복을 받을 수 있도록 준비를 하는 것이 먼저입니다.

얼마 전 모 카지노회사에서 국내 최초로 가장 큰 금액이 당첨된 사례가 있었습니다. 중소기업을 하는 그분은 잭팟으로 당첨된 7억 원 전액을 모 대학에 전액 기부를 하여 세상을 깜짝 놀라게 하였습니다. 전액 기부를 하기로 한 착한 마음에 감탄한 회사의 CEO는 그에 대응하여 1년간 호텔 숙박과 식음료를 무료로 제공하고 평생 50%의 시설 할인을 제공하였다고 합니다. 그 사실은 특종 기사가 되어 국내 유명 언론 20여 사에서 서로 앞다투어 이 기사를 보도했고, 중소기업을 운영하는 이분은 일시에 전국적인 유명인사가 되었습니다.

아마 대부분의 사람들은 잭팟(슬롯머신 당첨금)을 터뜨리면 집을 한 채 사고, 차를 바꾸고, 맛있는 것도 먹고, 여행하는 데 모두 썼을지도 모릅니다. 그리고 로또에 당첨된 사람처럼 제일 먼저 자신의 이름을 숨기고, 찾아오는 도움 요청자들을 피해 야밤에 도주를 했을지도 모릅니다.

그러나 모두가 한탕을 바랄 때, 이분은 당첨금 전액 기부를 결정하였고, 인터뷰를 통해서 주위 사람들에게 고마움을 표현했으며, 연구하는 학생들에게 용기와 희망을 베풀었던 것입니다. 그 대가로 그분은 순식간에 전국 유명인사가 되었으며, 그 회사로부터는 명예회원으로 인정을 받았습니다. 우연히 찾아온 큰 행운을 돌려 삶에 탄탄한 성을 쌓듯이 자기 복으로 잘 저축한 것입니다.

복을 받고 유지하는 방법으로 다음과 같이 하기를 권하고 있습니다. 첫째, 인생에서 자신에게 어떤 큰 운이 찾아오더라도 은행에서 잠깐 대출받은 것이라는 사실을 잊지 말아야 하고, 둘째, 반드시 조상과 주위사람들에게 고마움을 표해야 하며, 셋째, 많이 베풀어야 합니다. 남에게 베푼 것은 나에게 복이 되어 다시 되돌아오기 때문입니다.

베푼 것보다
항상 적게 받는다고 생각하자

인생에서 성공한 사람들은 '뿌린 대로 거둔다'가 인생의 기본원리임을 알고 있습니다. 또한 이들은 '주고받는(give and take)' 인생의 원리를 정확하게 실천하고 있습니다. 씨를 뿌리지 않은 밭에서 좋은 열매를 거둘 수 없는 것은 자명한 이치로 인과응보의 법칙에는 예외를 두지 않기 때문입니다.

미국의 카네기재단에서 성공한 사람들의 비결을 조사했는데 '지능이나 전공, 노력으로 성공했다'는 경우는 겨우 15% 수준이었고, 나머지 85%가 '인간관계가 좋아서 성공했다'고 합니다. 인간관계가 좋아서 성공했다는 것은 그동안 사람들에게 베푼 것이 많았다고 볼 수 있습니다.

새해가 되면 필자는 그동안 알고 지내던 지인들에게 신년 메시지를 보냅니다. 보내는 데에는 많게는 1시간 정도 소요됩니다. 조작이 서툴러서 자료가 지워지면 처음보다 약 두 배의 시간이 걸리는 경우도 있습니다만 수백 통의 문자 메시지를 보내면 그 후로 약 100여 통의 문자 메시지를 받습니다. 그야말로 하나를 확인하고 나면 바로 다음 메시지를 확인하기가 바쁩니다. 하루 종일 답장 메시지를 확인하느라 기쁨의 소리에 시달려야 하는 것입니다.

누구나가 남의 관심을 받기를 원합니다. 그러나 먼저 관심을 주기는 원하지 않습니다. 베푼 만큼 돌려받을 수 있는 것인데도 말입니다. 또한 대부분의 사람들은 베풀고 나서 서운해합니다. 그런 감정 때문에 베풀기를 꺼리고 있는지도 모르겠습니다.

그러나 베풀고 나서 잊어 버린다면 서운할 것도 없습니다. 또한 먼저 베풀되 베푼 것보다 적게 되돌려 받는 것이 당연하다고 생각한다면 애초부터 원망할 것도 서운해할 것도 없습니다.

어느 날 불행한 한 사람이 부처님을 찾아 하소연을 하였습니다. "저는 되는 일이 하나도 없으니 왜 이리 불행합니까?" 부처님이 이르기를 "그것은 네가 남에게 베풀지 않기 때문이다." 그러자 불행한 사람이 말하길 "저는 아무것도 가진 것이 없는데 무엇을 베푼단 말씀입니까?" 이런 그에게 재물 없이 베풀 수 있는 방법 7가지를 알려 주셨습니다.

첫째, 마음을 줘라. 둘째, 몸으로 협력하라. 셋째, 좋은 면만 바라보라. 넷째, 밝은 웃음을 보여 줘라. 다섯째, 좋은 말만 써라. 여섯째, 겸양의 미덕을 보여 줘라. 일곱째, 끝마무리를 잘하라.

마음을 주고 밝은 웃음을 보여 주는 것만으로도 남에게 베풀 수 있는 방법이 있는 것입니다. 남을 향한 작은 나의 웃음은 다시 나에게 되돌아와 사람들은 내 곁에 머무르기를 좋아할 것이며, 나를 칭찬하게 될 것입니다.

남을 위해 베푸는 것은 곧 나를 위해 베푸는 것입니다. 많이 받고 싶다면 더 많이 베풀어야 합니다. 그리고 베풀고 나서는 잊어야 합니다. 기대가 크면 실망도 크며, 기대하지 않으면 실망할 일도 없습니다.

물 흐르는 대로 살자

노자는 방해물이 없으면 물은 흐르고, 둑을 만나면 머무르고, 둑을 치우면 물은 다시 흐른다고 하였습니다. 무릇 물은 그릇 생긴 대로 따르는데, 이 같은 성질 때문에 물은 다른 무엇보다도 필요한 것이며, 무엇보다도 힘이 강한 것이라고 하면서 사람들에게 물처럼 행동하라고 했습니다. 또한 물은 힘을 가지고 있으면서도 겸손하고 부드러운 표정으로 흐르므로 인생을 살아가는 데 최선의 방법은 물처럼 사는 것이라 역설하였습니다.

순자는 "물은 능히 배를 띄우기도 하고 또한 배를 전복시키기도 한다"면서 물의 이중성을 갈파했습니다. 물은 불을 끕니다. 그러나 물속에는 불을 피우는 산소도 포함하고 있습니다.

물은 둥근 곳에 담으면 둥근 모양이 되고, 세모진 그릇에 담으면 세모진 모양이 됩니다. 물은 어느 상황에서나 본질은 변치 않으면서 순응합니다. 평상시에는 골이 진 곳을 따라 흐르며, 초목을 키우고 갈증도 풀어 줍니다. 그러나 한번 성을 내면 바위를 부수고 산을 무너뜨리기도 합니다. 물은 부드럽지만 막강한 힘도 가지고 있습니다.

물은 항상 낮은 곳을 메우며 흐르고, 차고 넘칠 때까지 기다립니다. 또 낮은 곳으로 낮은 곳으로 흐르다가 마침내 도달하는 곳은 넓은 바다입니다. 사람도 물과 같이 메우고 채우며, 부드럽게 자연에 순응하며 때로는 거대한 힘으로 자연을 정화하듯이 살아야겠습니다.

우리가 '법대로 산다'라고 할 때, 법(法)이란 한자는 물 수(水) 변에 갈 거(去) 자로, 물이 흘러가는 대로 가는 것을 말합니다.

때와 시기와 장소에 맞게 순응하며 살라는 좋은 뜻의 한자입니다.

인연(1)

가는 사람 잡지 않고
오는 사람 막지 않는다는 말은
그 이상 나아감이 없습니다.

가는 사람 잡아 줄 수 있고
오는 사람 막아 주어야 하는 것이
보다 인간적인 삶이 아닐까 합니다.

한파에 가슴 시리고
순풍에 웃으며 함께 살려거든
붙잡아 줄 수도, 막을 수도 있어야 합니다.

좋은 인연을 만드는 법

좋은 인연은 만남이 아닙니다.

좋은 인연이란 헤어짐입니다.

처음 만난 30초에 첫인상이 결정됩니다.

마지막 헤어짐 30초에는 그 사람과의 인연이 결정됩니다.

인연은 만날 때 만들어지는 것이 아닙니다.

인연은 헤어질 때 맺어지는 것입니다.

인연(2)

때로는 모르는 남처럼 살아갑시다.
버스를 탈 때
모르는 사람 옆에 앉는 것이 오히려 편하듯

편히 쉬고 싶고
나만의 공간을 찾을 때는
그냥 모르는 사람처럼 살아갑시다.

그저 잠시 앉아 있다 헤어지듯이
아무 말 없이
그런 인연으로 살아갑시다.

생활의 윤활유, 유머를 즐기자

미국의 제16대 대통령 에이브러햄 링컨(1809~1865)은 대다수의 미국인들이 가장 위대한 대통령으로 꼽을 정도로 자유와 희망의 상징입니다.

링컨은 켄터키 주의 가난한 시골에서 태어나 글도 못 읽는 부모 아래서 자랐으며, 9세에 어머니가 돌아가시고, 중년에는 두 아들을 잃는 불행을 겪기도 하였으며, 20대 중반에는 당시에 유행했던 장티푸스로 사랑하는 여인을 비롯해 많은 친구들을 잃고 슬픔에 빠지기도 하였습니다. 1847년 하원 의원으로서 정치생활을 하기 전까지는 혼자 힘으로 공부하면서 점원, 창고지기, 뱃사공, 변호사 등의 폭넓은 인생 경험을 쌓았습니다.

그의 어머니는 유난히 우울한 면과 예민한 면이 많았고, 외가 친척들 중에 우울증을 많이 앓는 사람들이 있어 그는 유전적으로 우울증에 시달려 왔는데, 그는 젊을 때 자살하고 싶다는 얘기를 자주 하곤 했고 나이가 들면서 세상을 살기 힘들고 비참함으로 가득한 곳으로 인식하기도 하였다고 합니다.

그러나 링컨은 중요한 회의에서도 웃기는 이야기를 빼놓지 않을 정도로 유머를 즐기는 사람으로 유명합니다.

링컨이 상원의원 선거에 입후보하여 더글러스 후보와 겨루게 되었을 때 일입니다. 두 사람이 합동연설을 하던 날, 더글러스가 링컨의 과거 경력을 들먹이며 그를 공격했습니다.

"링컨 후보는 그가 전에 경영하던 상점에서 팔아서는 안 될 술을 팔았습니다. 이것은 법을 어긴 일이고, 이런 사람이 당선된다면 이 나라의 법과 질서가 어떻게 되겠습니까? 그러므로 링컨은 절대로 상원의원이 되어서는 안 될 사람입니다."

그러나 링컨은 당황하지 않고 이렇게 답변했습니다. "예, 더글러스 후보가 말한 것은 사실입니다. 그러나 제가 그 상점을 경영하던 당시 더글러스 후보는 저의 가게에서 가장 술을 많이 사 먹은 최고의 고객이었습니다. 그리고 더 확실한 사실 하나는, 저는 이미 술 파는 계산대를 떠난 지 오래되었지만 더글러스 후보는 여전히 그 상점의 충실한 고객으로 남아 있다는 것입니다."

청중들은 링컨의 재치 있는 답변에 박수를 치면서 열광하였습니다. 얼굴이 벌겋게 달아오른 더글러스가 다시 공격했습니다. "링컨은 말만 그럴듯하게 하는, 두 얼굴을 가진 이중인격자입니다."

링컨은 이번에도 당황하지 않고 차분하게 응수했습니다. "나를 두 얼굴을 가진 사나이로 몰아세우고 있군요. 좋습니다! 그의 말이 사실이라면 여러분께서 잘 생각해 보시기 바랍니다. 만일 제가 두 얼굴을 가졌다면, 오늘 같이 중요한 날 왜 제가 이렇게 못생긴 얼굴을 가지고 나왔겠습니까?" 사람들은 모두 손뼉을 치며 배꼽을 잡고 웃었습니다.

이처럼 그는 상대방의 공격에 당황하거나 감정적으로 대응하지 않고 유머 섞인 재치 있는 답변으로 청중들을 압도하였습니다. 그리하여 그는 당당히 미국 16대 대통령에 당선되었고, 남북 분단의 위기를 슬기롭게 넘기는 역사적인 대통령이 되었습니다.

살면서 유머감각이 없는 사람은 앙꼬 없는 찐빵과 같이 텁텁한 맛이 나며 무미건조합니다. 또한 스프링 없는 마차와 같이 길 위의 모든 조약돌을 지날 때마다 삐걱거리게 될 것입니다. 기계는 적당하게 윤활유를 쳐야 부드럽게 돌아갑니다.

유머는 삶을 부드럽게 만들어 주는 윤활유입니다.

많이, 크게 그리고 자주 웃자

"한 번 웃으면 수명이 3초 늘어난다"는 말이 생겨났을 정도로 웃음이 인간의 수명에도 영향을 준다는 연구 결과가 있습니다.

고대의 의사 밀레투스는 『인간의 특성』이라는 책에서 "웃음의 어원은 헬레(hele)이고, 그 의미는 건강(health)이다"라고 하였습니다. 현대 의학이 웃음의 생리적 효과를 규명하기 훨씬 전부터 웃음과 건강이 밀접한 관계에 있다는 것을 알았던 점에서 고대인들이 웃음을 건강이라고 생각했다는 것은 아주 흥미롭습니다.

웃음의 긍정적인 효과는 수도 없이 많아 서양속담에 '웃음은 내적 조깅'이라는 말이 생겼을 정도입니다. 최근 미국에선 많이 웃는 사람들에게 심장병 발병이 적다는 연구 결과가 나오기도 하였습니다. 우리 몸에는 내장을 지배하는 교감 신경과 부교감 신경의 두 가지 자율신경이 있는데, 놀람, 불안, 초조, 짜증 등은 교감신경을 예민하게 만들어 심장을 상하게 하는 반면, 웃음은 부교감신경을 자극해 심장을 천천히 뛰게 하며 몸 상태를 편안하게 해 준다는 것입니다. 웃음은 스트레스와 분노, 긴장을 완화해 심장마비 같은 돌연사도 예방해 준다고 합니다.

또 웃음은 병균을 막는 항체인 '인터페론 감마'의 분비를 증가시켜 바이러스에 대한 저항력을 키워 주며 세포 조직의 증식에도 도움을 주는 것으로 밝혀졌는데, 이는 사람이 웃을 때 통증을 진정시키는 '엔도르핀'이라는 호르몬이 분비되기 때문이라고 합니다.

수십 년간 웃음의 효과를 연구해 온 미국의 리버트 박사는 웃음을 터뜨리는 사람에게서 암을 일으키는 종양세포를 공격하는 '킬러 세포'가 많이 생성된다고 밝혔습니다. 웃음이 인체의 면역력을 높여 감기와 같은 감염질환은 물론 암과 성인병을 예방해 준다는 것입니다.

미국 스탠퍼드대학의 윌리엄 프라이 박사는 오랜 연구를 바탕으로 웃음의 생리적 효과를 밝혀냈는데, 웃을 때는 뇌하수체에서 엔도르핀과 같은 자연 진통제가 분비되어 고통을 줄여 주고, 부신에서는 염증을 낮게 하는 화학물질이 나와 염증을 완화시킨다고 합니다. 또한 사람이 한바탕 크게 웃을 때 몸속의 650개 근육 중 231개 근육이 움직여 많은 에너지를 소모한다고 설명하고, 크게 웃으면 상체는 물론 위장, 가슴, 근육, 심장까지 움직이게 만들어 상당한 운동효과가 있다고 합니다. 따라서 이왕 웃을 때는 배꼽을 잡고 크게 웃는 것이 좋다고 합니다.

한편 웃음요법 치료사들은 한 번 웃을 때의 운동 효과는 에어로빅 5분의 운동량과 같고, 20분 동안 웃는 것은 3분 동안 격렬하게 노 젓는 운동량과 같고, 하루 45분 웃으면 고혈압이나 스트레스 같은 현대 질병의 치료도 가능다고 합니다.

웃음에는 교소(귀여운 미소), 폭소(갑자기 터뜨리는 웃음) 등 긍정적인 웃음이 있는 반면 남을 공격하는 조소(조롱하는 웃음), 비소(비웃는 웃음), 고소(씁쓸한 웃음), 냉소(쌀쌀한 웃음), 실소(자기도 모르게 웃는 웃음)가 있습니다.

한자 성어 중에 '일소일소 일노일로(一笑一少 一怒一老)'가 있습니다. 대단치도 않아 한 번 웃고 치울 정도의 시시한 웃음에도 한 번 젊어지는 효과가 있는 것입니다.

보통 아이들은 생후 2~3개월 후부터 웃음의 횟수가 많아져 하루 400번 이상 웃는다고 합니다. 6세의 아이는 하루 300회 정도, 하지만 성인이 되면서 차츰 웃음을 잃어 버려 하루 100회에서 평균 14회 정도까지 급격히 줄고 심지어 하루에 단 한 번도 웃지 않고 지내는 사람들도 많다고 합니다.

"웃는 얼굴에 침 뱉으랴"라는 속담도 있듯이 웃음은 비단 건강뿐만이 아니라 우리가 남들과 더불어 사는 생활 속에서도 대단한 효과가 있는 것입니다. 웃지 않은 사람과는 식사를 하거나 함께 생활하는 것 그 자체만으로도 불편한 마음을 가지게 되기 때문입니다.

쉬울 것 같지만 실제 잘 웃는 사람은 별로 없습니다. 왜냐하면 사람은 울며 태어나지 웃으며 태어나는 사람은 없기 때문입니다. 그래서 잘 웃기 위해서는 누구나 노력이 필요합니다. 웃으며 지내기 위한 좋은 방법이 있습니다.

월: 월요일이니까 그냥 웃자.
화: 화가 나도 웃자.
수: 수시로 웃자.
목: 목이 터져라 웃자.
금: 금방 웃고 또 웃자.
토: 토라져도 웃자, 토가 나와도 웃자.
일: 일어나자마자 웃자, 일 없어도 웃자, 일 많아도 웃자.

행복해서 웃는 것이 아니라 웃어서 행복한 것입니다. 젊기 때문에 웃는 것이 아니라 웃어서 젊은 것입니다. 사람은 웃을 때 가장 아름답습니다. 많이 웃어야겠습니다. 한사람 한사람이 웃으며 살면 우리 인생, 우리 사회가 미소로 꽃이 활짝 필 것입니다.

눈물은 감동,
내 인생의 브라보를 외치자

영화를 보고 나면 두 가지 부류가 있습니다. '그 영화 괜찮다' 등 긍정적인 평가를 하는 사람과 '시시하다, 시간이 아깝다, 괜히 봤다' 등 부정적인 평가를 하는 사람입니다.

누구나 영화나 드라마를 볼 때는 감동을 기대합니다. 그 감동이라는 것이 무엇일까요. 영화를 볼 때 보는 내내 눈물, 콧물을 쏟아 내고, 주위 사람 쳐다볼까 봐 남몰래 흐르는 눈물을 닦아 내는 그 이유는 무엇일까요.

얼마 전 우리 사회의 가장을 그린 영화 「브라보 마이 라이프」는 화려하지는 않지만 우리 삶을 과장되지 않고 진솔하게 표현하면서 웃음과 진한 감동의 눈물을 주기에 충분했습니다.

30년간 하루같이 성실하게 한 직장에서 일하다 퇴임을 30일 앞둔 만년 총무부장과 자식과 아내를 타국으로 보내고 기러기 아빠가 되어 퇴근 후 애완 거북이에게 하루 일과를 이야기하는 과장, 악기상 앞을 지날 때는 웃을 뒤집어쓰고 뛰어가야만 하고 회사에서는 젊은 상사한테 고개 숙이는 경비 등을 중심으로, 왕년에 젊을 때는 저마다의 꿈이 있었지만 일상생활에서 먹고살아야 하는 현실 때문에 꿈을 포기하고 사는 우리 시대 평범한 직장인이자 가장이 꿈을 되찾고 활력을 되찾게 만드는 이야기입니다.

"삶이란 건 꿈을 하나씩 이루어 가는 게 아니었다. 하나씩 포기해 가는 것이었다"라는 극 중 조 부장의 대사는 눈물을 머금은 그런 미소가 흐르게 합니다. "살아온 날들이 살날보다 길고, 이제는 내 꿈을 펼쳐도 되지 않겠냐"며 조심스레 마음을 전하는 장면은 아버지의 한없이 늘어진 어깨와 먹먹한 가슴에 눈시울을 붉히게도 만듭니다. 평범한 직장인이자 한 집안의 가장이고, 식어 버린 꿈을 붙잡은 채 막막한 미래에 불안해하며 살아가는 이 시대, 우리 아버지들에 대한 잔잔하면서도 감동적인 얘기였습니다. 과장되지 않고 일상에서 얻게 되는 자연스러움이 묻어나고 드라마 흐름에 젖어가다가 가슴이 알싸해 오는 감동에 눈물이 저절로 흐릅니다.

이태백(이십대 태반이 백수), 사오정(45세가 정년), 오륙도(56세까지 있으면 도둑)로 대변되는 요즘 사회에 꿈을 잊고 살았던 사람에게 한 번쯤은 이 영화를 권해 드리고 싶습니다.

지친 일상으로 가슴 한구석에 숨겨 두었던 나의 꿈, 꿈이란 더 이상 숨겨 놓아야 하는 것이 아닙니다. 영화 속의 주인공들처럼 더 늦기 전에 우리도 꿈을 찾아 실현해야겠습니다.

엊그제 남아공 월드컵이 끝났습니다. 우리나라는 원정 최초로 16강에 올랐습니다. 다 같이 붉은 옷을 입고 얼굴에는 태극무늬를 칠하고 함성을 지르며 응원의 열기를 보여 주었습니다. 2002년 월드컵 4강, 온 국민이 하나가 되어 응원을 했던 기억이 떠오릅니다. "대~한~민국"을 외치며 골 하나에 모두가 부둥켜안고 울었던 기억, 모두가 하나 되어 어깨동무를 하고, 거리로 뛰쳐나갔던 기억, 환호성을 치며 흘리던 눈물이 생각납니다.

월드컵 4강 신화를 이루었을 때처럼, 우리 모두 각자의 인생을 위한 내 인생의 브라보를 외쳐야겠습니다.

브라보! 브라보 My Life! 눈물 없이는 인생의 감동도 없습니다.

시작보다 끝의 아름다움

뜨는 태양이 찬란하다면
지는 석양은 황홀합니다.

하늘의 햇빛도 일몰 직전에 그 아름다움이
최고의 절정을 이루어 하늘을 수놓습니다.

봄철 나뭇잎보다
깊게 물든 단풍잎은 더 매혹적입니다.

울긋불긋 수놓은 단풍은 낙엽이 되어 떨어지기 직전에 그 아름다움이
최고의 절정을 이룹니다.

청춘은 젊고 화려하지만
황혼은 아름답고 신비스럽습니다.

인생의 고난을 통과하고
황혼을 맞이한 사람에게서 인자함과 겸손함과 사랑이 풍겨 나옵니다.

만남은 항상 설레게 합니다.
그러나 작별은 아름답고 긴 감동을 줍니다.

시작보다는 끝이 아름다운 삶을 살아야겠습니다.

나눔으로 남을 배려하고,
남에게 받은 은혜는 꼭 갚자

　우리는 살면서 늘 나에 대해 신경 쓰고 나를 우선시하게 되어 있습니다. 하지만 그러다 보면 때론 나의 이익을 위해 남을 무시하거나 짓밟게 되는 경우도 생깁니다. 나를 위해 남을 희생시키는 것은 남을 결코 위해 주는 일이 아니고 배려하는 것이라고 볼 수도 없을 것입니다. 또 어떤 경우는 남을 지나치게 위해 주는 바람에 자신이 손해를 입는 경우도 있습니다. 남에게 지나치게 자상하고, 남을 지나치게 염려해 주는 것…… 그것이 과연 진정한 배려일까요?

　결국 진정한 의미의 배려란 서로의 이해관계가 어긋나지 않으면서 나와 타인이 동시에 발전할 수 있도록 서로 마음속으로 위해 주고 걱정해 주는 것이라고 생각합니다. 그러기 위해서는 나만 생각하고 이기적으로 행동하거나 타인만을 위해 자신을 무조건 희생해서는 안 되겠습니다.

　『성자가 된 청소부』를 쓴 인도의 수행자이자 작가인 바바 하리다스가 들려주는 짧은 이야기는 배려가 무엇이고 그것을 어떻게 실천해야 하는지를 새삼 생각나게 합니다.

앞을 못 보는 사람이 밤에 물동이를 머리에 이고 한 손에는 등불을 들고 길을 걸었습니다. 그와 마주친 사람이 물었습니다. "정말 어리석군요. 앞을 보지도 못하면서 등불은 왜 들고 다닙니까?" 그가 말했습니다. "당신이 나와 부딪치지 않게 하기 위해서요. 이 등불은 나를 위한 것이 아니라 당신을 위한 것입니다."

앞을 보지 못하는 시각장애인이 등불을 들고 다닌 것은 다른 사람을 위해서였습니다. 그러나 결과적으로는 본인을 위한 것도 되는 것입니다.

진정한 의미의 배려란 나의 희생이 아닌 내 몫을 나누어 주는 것입니다. 나의 몫을 전적으로 희생하면서 하는 배려는 원을 낳게 마련이고 무언가 반대급부를 얻지 않으면 안 되게 되어 있습니다. 바람이 없는 나눔이 참배려요, 바람이 있다면 배려가 아닌 것입니다. 진정한 배려란 희생이 아닌 나눔인 셈입니다.

그렇다면 배려와 은혜의 차이는 무엇일까요? 내가 가진 기회, 내가 누리는 삶, 이 모든 것을 마음으로 나누는 것이 배려입니다. 즉 배려란 내가 남에게 베풀어 주는 미덕인 것입니다. 반면 은혜(恩惠)란 자연(自然)이나 남에게서 받는 고마운 혜택(惠澤)입니다. 남이 나를 배려해 줄 때 받은 고마움인 셈이지요. 즉 나의 배려는 남에게는 고마운 은혜가 되고, 남의 배려는 나에게는 갚아야 할 은혜가 되는 것입니다.

남에게 많은 가치를 안겨 줄수록 돌아오는 가치도 늘어나게 됩니다. 그래서 남을 위하는 마음은 궁극적으로는 나 자신을 위한 것입니다.

우리가 살면서 인간적인 도리를 다 하려면 받은 은혜는 반드시 갚고, 남에게는 가능한 많이 배려해야겠습니다.

나와 너의 차이를 인정하자

점 하나를 뺄으면 '나'요, 안으로 들이면 '너'가 되는 것으로 점 하나에 나와 너의 차이가 있습니다.

보통 말할 때, 자기와 다른 사람을 타인(他人)이라 합니다. 여기서 타(他) 자는 사람 인(亻＝人) 자와 뱀의 모양을 본뜬 야(也) 자로 만들어진 글자로 서 사람과 뱀이 함께 있는 형상입니다. 즉 남이란 사람과 뱀이 서로 다르듯 이 자기(自己)가 아닌 다른 사람을 말하는 것입니다.

우리는 늘 갈등 속에 살고 있습니다. 아니, 인류의 역사 그 자체가 갈등 의 역사라고 할 수 있습니다. 갈등은 기본적으로 타자(他者), 즉 남과의 관 계에서 비롯됩니다. 좁게는 개인 사이의 갈등에서 인종 간 갈등에 이르기 까지 종류도 다양하고, 그 파장 역시 사사로운 주먹다짐으로부터 이혼, 소 송, 전쟁 등 천차만별입니다.

장자는 상대가 남이란 사실을 서로 인정하지 않는 데서 갈등이 비롯된다고 보았는데, 여기서 남이란 나와 차이가 있는 존재임을 말하고, 남을 인정한다는 것은 그가 추구하는 가치와 판단, 방법 등 모든 영역을 포괄한다는 것을 의미하고 있습니다.

'내가 하면 로맨스요, 남이 하면 불륜'이라는 것과 같이 남과 나의 차이를 나타내는 말이 있습니다. 예를 들면 내가 승진하면 내가 잘난 탓이고, 라이벌이 승진하면 줄을 잘 섰거나 아부를 잘한 결과로 생각한다거나, 정치인들의 경우 내가 하면 개혁이고 남이 하면 탄압이라고 하는 것이나, 내가 침묵하면 생각이 깊은 것이고 남이 침묵하면 아무 생각도 없는 것이고, 내가 늦으면 피치 못할 사정 때문이고 내가 화를 내면 상대방이 그럴 만한 원인을 제공한 것이고, 남이 화를 내면 인간됨의 그릇이 모자란 것 등등 같은 상황에 따라서도 나와 남에 대한 인식은 180도 다릅니다.

우리가 살면서 기본적으로 나와 다른 사고를 가진 상대에 대하여 생각의 차이를 인정해야 합니다. 여자와 남자도 근본적으로 다릅니다.

Man과 Woman의 첫 글자 역시 M과 W로 반대입니다. 하지만 두 글자 중 하나를 뒤집으면 서로 같아집니다. '역지사지'란 상대편의 처지나 입장에서 먼저 생각해 보고 이해하라는 뜻으로, 전혀 다른 남자와 여자도 뒤집어 보면 서로 이해할 수 있는 것입니다.

마음을 비운다는 것의 의미

물 분자는 H_2O, 즉 산소 한 개의 원소와 수소 2개의 원소가 104.5도의 각도를 가지고 입체적으로 연결된 분자라 할 수 있습니다.

물은 겉으로 보기에는 아무 공간이 없는 것처럼 보이지만 물 분자 사이에는 빈 공간이 많습니다.

일반상식으로는 믿기 힘들지만 1리터의 물에 실제 물 분자가 차지하는 비율은 38% 정도 되고 나머지 62%는 빈 공간으로 되어 있습니다.

물은 이런 빈 공간이 있기 때문에 모든 자연물질을 수용할 수 있습니다. 물 10cc에 물 5cc를 더하면 15cc가 되지만, 소금이나 설탕을 물에 투입하더라도 물에는 빈 공간이 있기 때문에 소금이나 설탕이 녹아서 결합될 수 있습니다.

하지만 빈 공간에서 일정 정도를 더 비우면 물은 증발하여 하늘로 올라갑니다.

우리가 음식을 먹기 위해서는 배 속에 빈 공간이 있어야 하듯이, 마음을 비운다는 것은 무언가로 채울 빈 공간을 마음속에 만드는 것이 아닐까요.

소식을 하면 오래 산다고 합니다. 일정 정도를 비워 놓기 때문입니다.
건강하게 오래 살기 위해서는 육체도 비워야 하지만 행복하게 잘 살기 위해서는 마음도, 생각도 항상 일정하게 비워야 합니다.

물처럼 항상 빈 공간을 만들고, 일정 정도를 더 비우면 하늘로 올라가듯이, 마음을 비우고 일정 정도를 더 비우면 우리의 마음도 하늘까지 올라갈 수 있지 않을까 생각합니다.

적어도 남에게 피해는 주지 말자

인간은 태어나면서부터 갖고 있는 성격과 그 후 인생의 길을 걷는 과정에서 배우고 익히는 철학이 어우러져 인격이라는 것을 이룹니다. 선천적으로 타고난 성격과 후천적으로 학습된 철학이 결합하여 우리들의 인격, 즉 마음과 영혼의 품격이 도야되는 것인데, 어떤 철학을 기본으로 인생을 살아 나가느냐에 따라 그 사람의 미래의 인격이 결정된다고 할 수 있습니다.

뿌리를 확실히 내리지 않으면 나뭇가지가 무성하게 뻗어 나갈 수 없는 것과 같이 거창하지는 않지만 나름대로 철학이라는 뿌리를 확실히 내리지 않으면 인격이라는 나무의 가지를 올바르게 키워 나갈 수 없을 것입니다.

그렇다면 어떤 철학을 가져야 하는 것인지, 어느 정도 거창한 철학을 가져야 하는지는 인류가 옛날부터 인간 사회를 유지해 온 윤리와 도덕에서 그 방법을 찾아볼 수 있겠습니다. 최근 윤리경영이 기업의 화두로 떠올랐듯이 개인으로서 또는 기업으로서 실패하지 않고 지속적으로 성장하기 위해서는 반드시 윤리와 도덕의 토대 위에 생활해야 합니다. 사회적으로 물의를 일으키거나 환경에 오염을 불러일으키는 것은 설령 그것이 아무리 사업성이 좋다고 하더라도 후손을 위해, 인류를 위해 추진해서는 안 될 것입니다.

한편, 동방예의지국이라는 한국 사회도 아직 타인에 대한 배려가 적은 것 같습니다. 아직도 길거리 보행 중에 담배를 피우며, 담배 연기가 바람에 날려 뒷사람에게 어떤 영향을 주는지도 전혀 생각지 않습니다. 물론 최근에는 '금연' 열풍으로 인해 건물에서 담배를 피우는 사람들이 추방되기까지 했지만 말입니다. 배려는 고사하고라도 돈 때문에 부모를 살해하고, 이웃, 친구, 가족 간에도 법적인 소송을 불사하는 무서운 범죄들은 일어나지 않았으면 하는 마음이 간절합니다. 이런 점들을 볼 때, 우리가 살아가는 데 있어 반드시 거창한 철학이 필요하지는 않은 것 같습니다.

차라리 '남에게 피해를 주지 않고 살겠다', '절대 도둑질하지 않겠다' 정도는 어떨까 합니다. 그냥 단순하게 '인간으로서 올바른' 정도만 되면 살아가는 철학으로서 충분할 것입니다. 그 정도만으로도 이 세상이 충분히 밝아질 것이기 때문입니다.

중독에서 벗어나려거든 강력한 탈출구를 만들어야 한다

얼마 전 업무 출장으로 도박의 도시로 알려져 있는 마카오를 다녀왔습니다. 마카오는 난하이 연안, 주장 하구 서쪽에 있는 섬으로 서울 종로구 크기의 섬으로, 지금의 중산시(中山市)에 속하였다가 16세기 중엽 포르투갈에 점령당하였고 400년이 넘게 지배를 받다가 1987년 포르투갈과 합의에 따라 1999년 12월 20일 중국의 주권 회복과 동시에 특별행정구역으로 지정된 곳으로 주민의 60%는 중국 대륙에서 전입해 온 사람들이며, 나머지 40%가 현지인들로 구성되어 있습니다.

우리나라가 카지노, 경마 등 사행산업을 규제하여야 한다는 말로 시끌시끌한 데 반해 인구 50만 명에 150년의 역사를 가진 마카오는 현재 카지노 산업을 대외에 개방, 외자를 대거 끌어들여 세계적 관광도시가 됐으며, 세계 3대 환락의 도시로 자리 잡아 가고 있습니다. 국민소득은 3만 9,000달러로 우리나라의 2배가 넘습니다.

현재 마카오에는 60여 개 호텔이 있고 이 중 33개가 카지노를 보유하고 있습니다. 마카오의 지난해 관광객은 3천만 명 정도이며, 카지노수입 총액은 152억 달러로 우리 돈으로는 약 18조 원 정도이며, 2005년 이후 매년 40% 이상 성장하고 있습니다.

2010년 1분기에 마카오가 카지노 사업으로 벌어들인 수입은 50억 달러가 넘는 규모로 미국 라스베이거스를 제치고 2년째 세계 최대의 카지노도시로 발판을 굳혔다고 합니다. 샌즈 카지노에 이어 윈, 갤럭시, 리스보아, 베네시안, MGM 그랜드 등이 차례로 문을 열면서 카지노 전국시대를 맞고 있는 마카오는 고객 유치와 인력 스카우트 등 그야말로 카지노를 둘러싼 일들로 도시환경이 전개되고 있습니다.

'MGM 그랜드'라는 카지노에서 MGM이란 'Metro – Goldwyn – Mayer'의 약자이지만 마카오에서는 MGM을 'Money get Money'로 부를 정도로 카지노 회사가 돈을 긁어모은다는 얘기를 단적으로 표현하는 말로 사용되기도 합니다.

한편 마카오는 카지노 일자리가 넘쳐나면서 젊은 청년들은 상급 학교에 진학할 필요성을 잃어 버려 학교를 더 이상 진학하려고 하지 않는 상황이 벌어지기도 하며, 카지노를 직업으로 하여 매일 출퇴근하는 일명 '생활 바카라 아줌마(우리 돈으로 하루 20만 원 정도 따면 퇴근하는 사람)' 직업이 생겨나기도 하였습니다.

이 같은 상황은 우리나라도 예외는 아닙니다. 얼마 전 국내 카지노에서 전 재산을 탕진하고 일명 '앵벌이' 생활을 했던 30대 남자가 '카지노 앵벌이의 하루'라는 자전적 체험수기를 발간해 화제가 되기도 했습니다. 카지노 앵벌이는 카지노에서 전 재산을 탕진해 오갈 데가 없어진 이들이 카지노를 직장 삼아 매일 출근하면서 게임보조, 심부름, 게임좌석판매 등으로 얻은 몇 푼의 돈으로 간신히 하루하루를 버티고 있는 신종 직업군이라고 할 수 있습니다.

그러나 요즘에는 K카지노에서 '좌석 예약제'라는 전 세계 유래 없는 강력한 제도를 취했기 때문에 규제가 적은 필리핀이나 마카오 등지로 옮겨 가고 있다고 합니다.

일부는 부유층 사람들을 데려가 현지에서 안내해 주는 역할을 하기도 한다고 합니다. 일종의 국제 브로커 역할을 하는 것입니다. 카지노 세계를 떠나지 못하고 오죽하면 해외에서 브로커 역할까지 해야 하는지 카지노의 세계가 궁금하지 않을 수 없습니다.

우리가 관심을 가질 것은 '카지노 앵벌이'도 처음에는 사회에서 인정받고 돈 많은 부자였다는 것입니다. 그러나 게임을 하면서 점차 재산을 잃고, 직업을 잃고, 가정을 잃어 사회에서 도움을 필요로 하는 사람으로 전락한 사람들이 대부분입니다.

오랫동안 카지노 생활을 해 온 카지노 전문가들이 돈을 딸 수 있는 비결이 있다고 합니다. 물론 믿거나 말거나 한 내용이며, 이러한 얘기를 하는 사람 중에는 카지노 앵벌이도 포함되어 있으며, 오랜 세월이 지나도록 부자를 유지한 사람이 드물고, 실제 부자가 된 사람도 없다는 것만 참고하시면 좋을 것입니다.

첫째, 돈을 따기 위해서는 좌석에 앉으면 안 된다는 것입니다. 게임을 객관적으로 판단해야 하는데 일단 좌석에 앉으면 게임을 하기 싫어도 해야 하기 때문에 결국 진다는 것입니다. 게임은 '불가근불가원'이어야 한다는 것입니다. 이쪽저쪽 주변도 살펴 가면서 게임을 해야 자신의 의도대로 게임을 할 수 있어 승률이 높아진다고 합니다.

둘째, Double(두 배) 베팅의 원칙을 철저히 지켜야 한다는 것입니다. 처음 1만 원을 가서 잃었으면, 다음엔 2만 원, 그다음엔 4만 원을 베팅해야 한다는 것입니다. 그러면 항상 1만 원은 남게 되어 있습니다. 이렇게 해서 남은 돈은 저축하고, 다시 1만 원으로 시작해서 그러한 게임을 지속적으로 반복하면 시간이 흐를수록 돈을 벌게 된다는 것입니다. 대다수의 사람들은 돈이 조금 불어나게 되거나 흐름이 좋다고 판단되면 한 번에 크게 돈을 걸기 때문에, 그때를 참지 못하는 자기 관리의 실패로 돈을 잃게 된다고 합니다.

셋째, 게임을 위해서 하는 것이 아니라 철저히 돈을 벌기 위한 게임을 해야 한다는 것입니다. 게임을 하는 대다수의 사람들은 무의식적으로 아무렇게나 게임하는 경우가 많다고 합니다. 어떨 때는 즐기기 위한 게임을 하고 또 어떨 때는 돈을 따기 위해 진지하게 게임을 하기도 한다는 것입니다. 그러나 그러는 사이에 결국은 돈을 잃고 마는데, 철저히 이기기 위한 게임을 하든지 그렇지 않으면 그냥 즐기기 위해 게임을 하든지를 선택해서 철저히 지켜야 한다는 것입니다. 이렇게 보면 카지노 전문가도 여느 철학자나 수행자의 생각과 크게 다르지 않은 것 같습니다. 게임도 철저히 자기와의 싸움인 셈입니다.

우리나라 사람들은 처음엔 그냥 즐기러 왔다가 돈을 잃게 되면 돈을 만회하기 위해 죽기 살기로 게임을 하는 성향이 강하다고 합니다. 그리고 무엇이든지 운에 맡기는 요행을 바라는 성향이 짙다고 합니다.

경영학이나 경제학적인 측면으로 보면, 우리가 돈을 벌기 위해서는 먼저 투자를 해야 합니다. 시장에서 장사를 하려고 하더라도 적어도 수년간 장돌뱅이 생활을 해야 사업에 성공할 수 있고 공무원을 정년퇴직하고 호프집 하나를 하더라도 그 분야에 경험을 쌓은 후에 성공할 수가 있듯이 성실하게 꾸준히 노력해야 하는 것입니다. 카지노 게임이라고 예외일 수 없습니다. 게임의 룰만 익혔다고 다 돈을 딸 수 있다는 생각은 실로 엄청난 착각이 아닐 수 없습니다. 어쩌다 당첨된 운을 가지고 실력이라고 생각하는 것은 점점 더 착각 속으로 빠져들게 만듭니다. 거기에 자기 확인이라는 것이 더해져 결국 중독으로 만들게 되는 것이 아닌가 합니다.

게임이라고 해서 한순간에 많은 돈을 가져다주지는 않습니다. 수십 년 그 분야에 종사한 전문가라고 하는 사람들도 게임을 하면 대부분 돈을 잃습니다. 돈을 따기 위해 직업처럼 게임을 해서는 절대 안 되는 것입니다. 그저 게임은 건전하게 오랜만에 휴가를 온 것처럼 편안하게 즐기면서 해야 합니다.

인터넷 사용이 증가하면서 어린이, 청소년, 성인을 불문하고 너나없이 게임 중독이 심각해지고 있습니다. 액션게임, 어드벤처게임, 시뮬레이션게임 등 날로 게임이 다양화되고 있고, 나 외에 다른 사람들과 인터넷상에서 게임을 즐길 수 있으며, 스토리가 있어 게임이 지속성이 있고, 아바타(게임 캐릭터)라는 것이 존재하여 이용자들로부터 호기심을 자극하는 등 이용자들을 유혹하는 게임이 날로 증가하고 있습니다.

사람들은 주로 게임을 함으로써 성취감을 느끼고, 스트레스가 해소되고, 게임상 주인공이 된 느낌을 받기 때문에 게임을 하게 된다고 합니다. 그러나 중독에 걸린 사람들의 증상을 보면 한시라도 게임을 하지 않으면 불안해하고 게임이 머릿속에서 떠나지 않는다고 하며 심지어 어떤 사람들은 손 떨림이나 환청, 환각 등의 금단현상까지 보인다고 합니다. 또한 게임중독에 빠진 사람들은 게임을 위해서 직장이나 생계 등 생활은 뒷전으로 하고 오직 게임을 우선순위로 두는 경향이 짙습니다.

쉽게 돈을 벌 수 있는 만큼 더 쉬운 방법으로 돈을 벌 수 있는 방법은 없기 때문에 게임의 유혹은 한번 잘못 빠지면 결코 살아서는 나올 수 없는 블랙홀과도 같습니다.

　게임중독에서 벗어나기 위해서는 무엇보다도 자신의 의지가 가장 중요합니다. 주위에서 아무리 도움을 준다고 해도 정작 본인의 의지가 없으면 모두가 허사가 되고 말기 때문입니다.

　일단 게임중독에서 벗어나려는 의지를 갖게 되면 벗어나기 위한 방법을 찾아야 합니다. 가장 좋은 방법은 과거의 기억보다 더 좋은 강력한 탈출구(Saida)를 만드는 것입니다. 게임보다 즐거운 것, 행복한 것을 찾아낼 수만 있다면 게임중독은 쉽게 벗어날 수 있습니다.

　건강을 잃고 나서야 소중함을 알듯이 모든 것을 잃고 나서야 끊을 생각이 드는 것이 게임 중독입니다. 게임 중독에서 벗어나기 위해서는 게임보다 더 좋은, 더 소중한 무엇인가를 찾아야 합니다.

상즉인(商卽人), 인즉신(人卽信)

상업은 상도(商道), 사람에게는 인도(人道)란 것이 있습니다.
인간의 도는 신뢰입니다.

조선시대 거상 임상옥은 조선시대 정조, 순조 때 의주에서 인삼무역을
통해서 조선 최고의 거부가 된 상인으로서 일개 장돌뱅이에서 시작해서
정3품의 부사라는 직책에 오른 입지적인 인물입니다. 그는 조선 최고의 거
부로도 유명하지만, 사람을 중시하는 경영철학으로 존경을 받는 인물입니
다. 그는 여느 장사치들의 상술이 아닌 진정한 상인으로서 도(道)를 추구하
였는데, 그가 가장 중시하는 것이 상즉인(商卽人) 철학입니다.

그가 평생을 통해 지켜 나간 상도, 상즉인이라는 교훈은 현세에 살고 있
는 기업가들에게도 귀중한 법도가 될 만한 것으로, '장사는 곧 사람이다.
장사란 이익을 남기기보다 사람을 남기기 위한 것'이라는 뜻으로 '사람을
얻는 것이 경쟁력'이라는 현대 마케팅의 핵심과도 일맥상통한다고 볼 수
있습니다.

최근 신뢰경영이 기업경영의 새로운 조류로 각광받고 있는데, 신뢰경영이란 조직원들 상호 간에 믿음이 전제되지 않고서는, 즉 신뢰가 전제되지 않고서는 미래 경영환경에서 경쟁력을 발휘할 수 없다는 것입니다.

기업의 경쟁력이 어디에서부터 나오는가에 대해서는 경영자나 학자들의 의견이 매우 분분합니다만, 『훌륭한 일터』의 저자 로버트 레버링은 수백 개 기업들을 조사한 결과, 구성원들이 자기 회사는 신뢰할 수 있는 곳이라고 말하고 있다는 공통점을 발견하였습니다. 또한 그는 많은 경영진과 창업자들을 인터뷰하는 과정에서 기업의 경쟁력을 나타내는 것은 어떤 구체적인 제도가 아니라 조직과 개인과의 관계를 나타내는 어떠한 특성이 존재한다는 것을 발견하였는데 그 관계적 특성이 바로 신뢰라는 것이었습니다.

훌륭한 일터를 결정할 때 사용하는 지수는 '신뢰경영지수'라 하여 미국에서는 해마다 '일하기에 가장 훌륭한 포춘 100대 기업'을 선정하여 발표해 왔는데, 지금은 영국, 스위스, 덴마크, 브라질, 포르투갈 등으로 확대되었고, 국내에서는 삼성반도체를 비롯한 35개 주요 기업들이 조사에 참여하는 등 전 세계 60여 개 국가에서 공통적으로 사용하고 있습니다.

이러한 신뢰지수가 높은 회사는 수익성 면에서 일반기업보다 두 배 이상 높았으며, 주가는 1975년부터 1984년까지 10년간 세 배나 높은 것으로 밝히고 있습니다. 또한 투자수익률을 기준으로 재무적 성과를 분석하였는데, 일반 기업보다 월등하게 높은 투자수익률을 안겨 주는 것으로 나타났습니다.

조직 내에서 신뢰는 구성원의 태도 및 행동에 중요한 영향을 미치는 것으로 나타났으며, 신뢰가 높은 조직의 경우 신뢰의 선순환으로 인해 단합과 협력이 잘되고 구성원 간 의사소통이 원활하게 되어 조직의 효율성을 높일 수 있으며, 구성원의 자부심도 높게 나타나고 있습니다. 조직 내에서 신뢰의 증가는 창조성과 비판적 사고력 및 융통성 있고 적응적인 업무환경에 필요한 요소들을 증가시켜 주어 조직의 경쟁력을 향상시켜 주게 되는 것입니다.

그러나 신뢰가 낮은 조직의 경우, 신뢰의 악순환으로 인해 구성원들이 경영자 및 상관에 대한 불신이 높으며, 그것은 곧 조직에 대한 불신으로 이어지고 조직이 시행하는 제도나 구축하고자 하는 시스템을 믿지 못하고, 자신의 이익을 챙기기에 급급하게 된다고 합니다. 이러한 구성원들의 행동에 대하여 경영자 및 상관은 보다 강력한 지시와 통제를 가함으로써 구성원들의 자율성과 창의성을 저해할 수밖에 없고, 구성원들은 시키는 일만 잘하면 된다는 수동적인 인식을 가지게 됩니다. 결국 성과가 떨어짐에 따른 구성원들의 사기 저하와 조직에 대한 불신의 골이 더욱 깊어질 수밖에 없는 조직이 될 것입니다. 이와 같이 조직에서 신뢰는 기업의 경쟁력을 의미하는 것입니다.

프랜시스 후쿠야마는 『TRUST』에서 사회적 자본은 한 사회 또는 그 특정 부분에 신뢰가 정착되었을 때 생긴다고 하였고, 신뢰는 가장 작고 기본적인 사회집단인 가족 내에서 구현될 수도 있고 가장 큰 집단인 국가에 구현될 수도 있으며, 그 사이에 있는 다른 모든 집단에 구현될 수도 있다고 하였습니다.

어떤 기업에서 함께 일하는 사람들이 모두 공통의 윤리적 규범에 따라서 작업하기 때문에 서로를 신뢰하게 된다면 사업에 소요되는 비용은 줄어들 것입니다. 이러한 사회에서는 신뢰도가 높기 때문에 보다 폭넓은 사회적 관계를 창출할 수 있을 것이므로 조직적인 기술혁신이 더욱 용이해질 것입니다.

반대로 상대방을 신뢰하지 않는 사회에서 사람들은 형식화된 규범이나 규제의 체계 속에서만 협력하게 될 것입니다. 또한 이러한 형식적인 규범은 때에 따라 강압적인 수단까지도 동원하여 교섭을 성사시키고 동의를 얻어 내며, 소송을 통하여 갈등을 해결합니다. 신뢰의 대체물이 되는 이러한 법적인 장치를 이용하면 이른바 경제학자들이 부르는 '업무추진비'라는 것이 소요됩니다. 다시 말해서 한 사회에서 불신이 팽배하게 되면, 신뢰가 높은 사회에서는 부담할 필요가 없는 일종의 비용을 모든 경제활동에 대한 대가로 지불해야 하는 것입니다.

한 온라인 취업사이트가 최근 자사 사이트 회원과 방문자 중 20~30대 성인남녀 1,209명을 상대로 사회 각계의 신뢰점수를 100점 만점으로 평가하는 설문조사를 진행한 결과, 한국 사회의 신뢰점수를 100점 만점에서 43.9점 정도로 생각하는 것으로 나타났습니다. 집단별 신뢰점수는 예술계가

56.2점으로 가장 높았고, 금융계 51.8점, 의료계 51.3점, 시민단체 50.6점, 경제계 46.3점, 교육계 44.9점, 법조계 44점의 순이었는데, 가장 신뢰점수가 낮은 집단은 정치계로 17.4점을 기록했다고 합니다. 한국 사회가 경제적으로는 세계 10위권이라고는 하지만 선진국으로 가기에는 아직도 거리가 있는 것으로 생각됩니다.

모든 인간관계에 있어서 근간은 '신뢰'가 바탕이 되어야 합니다. 가족, 이웃, 마을, 사회, 국가 등은 인간이 구성원으로서 지켜야 할 '신뢰'라는 최소한의 룰을 통해 유지되고 발전을 담보할 수 있습니다. 만일 그 '신뢰'가 무너지거나 흔들린다면 사회가 붕괴되고 말 것입니다.

이렇게 볼 때 신뢰는 인간관계에서나 조직에서나 개인적으로나 국가적으로도 빼놓을 수 없는 요소입니다. 인간사는 곧 신뢰라고 해도 과언이 아닙니다.

장사를 할 때 지켜야 하는 것은 상도(商道)라 할 수 있습니다. 상도란 장사할 때 이(利)를 남기는 것이 아니라 사람(人)을 남기라는 뜻입니다.

사람이 살아갈 때 지켜야 하는 것은 인도(人道)라 할 수 있습니다.
인도란 사람을 대할 때 이(利)가 아니라 신(信)으로 대해야 한다는 것입니다.
상즉인(商卽人)이요, 인즉신(人卽信)이어야 하는 것입니다.

인사의 원칙―적재적소,
인사가 만사다

적재적소란 어떤 일에 적당(適當)한 재능(才能)을 가진 자에게 적합한 지위나 임무를 맡기는 것으로, 알맞은 인재를 알맞은 자리에 배치하여 쓰는 것을 말합니다.

적성이란? 무엇에 알맞은 성질을 말합니다. 적성을 고려한다는 뜻은 자신의 성격에 맞는지를 고려한다는 것입니다. 우리가 흔히 입사할 때 치르는 시험 중에 적성검사가 있습니다. 적성검사란 어떤 지식이나 능력 등에 대하여 알맞은 소질을 갖고 있는지를 알아보기 위한 검사입니다.

조금은 다른 이야기인 것 같지만 인사의 원칙을 생활 속에서 풀어 보고자 합니다. 음양오행이란 동양철학, 사주, 한의학 또는 미신 정도로 알고 있는 사람들이 많습니다만 앞에서 언급했듯이 우리 일생생활은 사실 모두가 음양오행의 틀 속에서 이루어지고 있습니다. 일(日), 월(月)로 시작해서 화, 수, 목, 금, 토의 오행으로 이어지는 일주일은 음과 양, 오행을 합해 7일로 구성된 것입니다.

오행이란? 음양을 더 세부적으로 구분한 것을 의미하는 것으로 하루는 낮과 밤으로 나뉘지만, 낮은 아침과 점심, 밤은 저녁과 밤의 시간대로 더 세분하는 것입니다. 즉, 양(陽)을 둘[목(木), 화(火)]로 나누고, 음(陰)도 둘[금(金), 수(水)]로 세분화하여 넷으로 구분 지을 수가 있으며, 여기에 중앙의 토(土)를 합하여 다섯 가지로 구분하는 것입니다.

이렇듯 시간의 법칙은 크게는 음양으로, 좀 더 자세히 나누어 보면 오행이 되는 것입니다. 독자의 이해를 돕기 위해 여기서 오행의 다섯 가지 기운의 특징을 간단히 살펴보면, 먼저 목(木)이란 싹이 땅을 뚫고 나오듯이 생명의 기운이 처음 태동하는 기운의 상(象)을 말합니다. 목기는 나무 목(木)이라는 글자에서 볼 수 있듯이 땅 아래에서 기운이 뭉쳐 억압을 이겨 내고 땅 위로 솟구치는 모습을 하고 있습니다. 인생에서 유아기에 해당하며, 키가 크는 과정에 해당합니다. 하루를 보면 아침에 해당하고, 계절로는 봄에 해당한다고 볼 수 있습니다.

화(火)는 땅을 뚫고 나와 자라던 싹이 사방으로 가지와 잎을 내듯이 분산하는 기운을 말합니다. 화(火)는 만물이 한껏 분열하여 자기 모습을 최대한 밖으로 표출하는 상(象)으로 화기(火氣)가 발전하는 단계에 들어오면 목기의 특징은 소진되고 분열이라는 새로운 특징이 나타나게 됩니다. 그러므로 목(木)일 때 충실했던 힘은 외관적인 수려함이나 허식으로 변합니다. 인생에서 청년기에는 기운이 바깥으로 몰려 피부에 여드름이 많이 생기게 되고, 내적인 면보다 외적인 아름다움에 관심을 가지게 되는 것과 같습니다. 하루를 보면 중천에 떠 있는 낮에 해당하며, 사계절 중에서는 여름에 해당합니다. 인생에서는 청년기에 해당한다고 볼 수 있습니다.

나무가 자라더라도 계속적으로 자랄 수 없듯이, 생장이란 성숙을 전제로 하는 것이기 때문에 생장의 극한에 이르게 되면 생장을 정지하고 통일의 과정이 시작됩니다. 토(土)는 화(火)와 금(金) 사이에 위치하여 양과 음의 대립을 중재하는 역할을 하는 것으로, 생장이나 수렴의 편중된 특징이 아닌 중화성을 가지며 금화의 상쟁을 막아 여름에서 가을로 자연스럽게 이어주는 역할을 합니다. 토는 사계절로 치면 장하가 됩니다. 장하란 하지가 지나 여름과 가을의 교차점에 생기는 무더위(흔히 삼복더위라 함)를 말합니다.

금(金)은 목(木) 기운과는 정반대의 성질을 가진 것으로, 목(木)이 내면에 있는 양의 기운을 표면으로 분산하려는 것과 달리 금(金)은 바깥에 있는 양의 기운을 다시 내면으로 통일하려는 것입니다. 즉, 분열하는 양의 기운을 감싸서 더 이상 분열이 이루어지지 않고 통일할 수 있는 단계를 만들어 주는 것이 금(金)입니다. 그러다 보니 부드러움보다는 딱딱한 성질을 가질 수밖에 없습니다. 하지만 금기는 겉만 딱딱할 뿐, 그 안에는 목화를 거쳐 분열해 온 양기를 가지고 있어 내면에는 부드러운 성질을 가지고 있습니다. 시간으로는 저녁이며, 계절로는 온갖 과실을 맺게 되는 가을에 해당합니다. 가을이 되면 나무는 여름에 무성하던 잎을 모두 떨어뜨리고 열매를 거두게 되는 것입니다. 봄과 여름은 결국 가을을 위해 존재하는 것입니다.

금이 겉만 딱딱하게 굳는 과정에 비해 수(水)는 내부까지 완전히 통일을 이루게 되는 것을 말합니다. 이 과정에서 양은 완전히 통일되어 봄에 다시 생명을 창조하게 되는데, 이것은 인간에게는 정(情)이라 하고 식물에는 핵(核, 씨앗)이라 합니다. 그렇기 때문에 모든 생명의 근원은 수(水)이며, 목화금수의 모든 과정이 수에 통일되어 있으므로 모든 생명은 물에서 태어나게 되는 것입니다. 하루 중 밤에 해당하며, 계절로는 모든 생명의 기운이 땅속으로 들어가 봄을 준비하는 겨울에 해당합니다.

이상 오행이라는 각각의 성질을 살펴 보았습니다. 인간 개개인은 이러한 오행의 기운을 가지고 태어납니다. 어느 기운이 많고 적음의 차이가 있을 지언정 이러한 기운에 의해 구분할 수 있는 것이 사주팔자(네 기둥, 여덟 글자)인 것입니다.

오행의 각 성질을 알았으면 이러한 성질들 간에 어떠한 관계가 있는지 알아볼 필요가 있습니다. 관계에는 상생과 상극이 있습니다. 먼저 오행의 상생이란 수생목(水生木), 목생화(木生火), 화생토(火生土), 토생금(土生金), 금생수(金生水)와 같이 다섯 가지의 상생관계를 말하는 것으로, 수는 목을 생하고, 목은 화를 생하고, 화는 토를 생하고, 토는 금을 생하고, 금은 수를 생하면서 순환하는 것입니다.

수생목이란 나무는 물이 있어야 잘 자랄 수 있는 것과 같이 수의 응고작용을 받아야 그 반발력으로 목 기운이 살아날 수 있음을 의미합니다. 조직생활에서 목 기운을 가진 사람은 어떤 일을 할 때 한 번에 승낙을 해 주기보다는 몇 번을 거절한 후에 일을 하도록 하면 큰 반발력으로 더욱 높은 성과를 낼 수 있는 것과 같습니다. 아울러 수 기운을 가진 사람으로 하여금 목 기운을 가진 사람을 도와주도록 하면 좋은 성과를 낼 수 있을 것입니다.

목생화는 나무에 불이 붙어 불꽃이 쭉 뻗어 나가다가 그 힘이 다할 때 사방으로 퍼져 분열하는 것을 말합니다. 화생토는 나무가 불에 타서 재가 되어 흙으로 돌아가는 것과 같이 화(火) 기운이 분열의 극한까지 가게 되어 자기 모습이 없어지게 되는 것을 말합니다. 토생금은 흙이 딱딱하게 굳으면 돌이나 쇠가 되는 것과 같이 외부에서부터 응고작용이 시작되어 통일의 과정에 들어서게 되는 것을 말합니다. 마지막으로 금생수는 외부에서부터 시작되던 응고작용이 마지막 단계에 이르러 내부까지 완전히 수렴하게 되어 통일되는 과정을 의미합니다.

오행은 상생에 의해서 굴러갈 수 있습니다. 그러나 상생과 더불어 상극이 있습니다. 상극에 대해서 간단하게 알아보면 수극화(水克火), 금극목(金克木), 목극토(木克土), 토극수(土克水)의 순서로 이루어집니다. 물은 불을 끄고, 불은 쇠를 녹이고, 쇠는 나무를 베고, 나무는 땅속의 흙을 뚫고 나오며, 흙은 물길을 막는 것과 같은 이치입니다. 여기에서 극은 단순히 한 기운이 어떤 기운을 이긴다거나 우월한 위치에 있다는 뜻이 아니라, 어떤 기운이 너무 극한 상태에까지 이르는 것을 막기 위한 견제의 의미로서의 극입니다. 예를 들어 화 기운이 극한 상태를 넘어서게 되면 존재가 사라지게 됩니다. 이를 막기 위해서 수극화로서 수 기운으로 화 기운을 극해 줌으로써 이러한 사태를 막아 주는 것입니다. 또한 목 기운이란 것은 한 방향으로 쭉 뻗어 나가는 기운으로, 금 기운으로 막아 주지 않으면 자기 형태를 유지할 수 없을 정도로 뻗어 나갈 것입니다.

결국 나무가 잘 자라기 위해서는 흙이 다른 곳으로 흘러가지 않도록 물을 막아 주어(토극수), 물의 도움을 받아 성장하며(수생목), 금기운의 도움을 받아 형태를 유지하여 열매를 맺게 되는 것(금극목)과 같은 이치가 되는 것입니다. 조직에서 너무 열정적으로 일하는 사람, 너무 빠르게 일하는 사람 곁에는 불을 끄는 사람이 있어야 실수를 줄일 수 있고, 견제하는 사람이 있어야 형태를 유지하고 성과를 낼 수 있는 것과 같습니다. 결국 조직도 이렇게 구성해야 자연스럽게 성과를 창출할 수 있고 조직 구성원들이 편안해지는 것입니다.

오행의 상생과 상극에서 가장 중요한 점은 여름에서 가을로 넘어갈 때에는 화극금으로 서로 싸우는 상극입니다. 이때에 화생토, 토생금으로 해서 중앙에 있는 토가 일 년 중 유일하게 변화에 직접 관여하게 됩니다. 실제로 제가 기획실에 근무할 때 제가 맡고 있던 팀원 중에 화기가 충천한 사람과 금기가 많은 사람이 있었습니다. 그 둘은 같은 파트로서 한 사람은 파트장이었고, 다른 한 사람은 파트원으로서 서로 많이 다투었는데, 특히

제가 출장 중일 때는 더 심하게 싸웠던 것입니다.

나중에서야 다른 직원을 통해서 알게 되었는데, 제가 각자의 기운을 파악한 결과 한 사람은 화 기운이 매우 충천하고, 다른 한 사람은 금 기운이 충천한 사람이었던 것입니다. 다른 말로 한 사람은 분열하려는 성질이 강하고 다른 한 사람은 안으로 수렴하려는 성질이 강했던 것입니다. 성격이 정반대인 데다가 서로 고집도 센 사람이었습니다.

어떻게 하면 서로를 적재적소에 배치하고 성과를 낼 수 있을까 고민 끝에 두 사람의 오행상의 기운을 파악하고자 하였습니다. 마침 사업계획을 수립하는 시간이 있어 직원들을 다 불러 모으고 오행의 기본 성질을 알려 주고는 각자 오행에 해당하는 사람들을 적어 넣으라고 했습니다. 아니나 다를까 조직원들 대다수가 그 두 사람 중 한 사람은 화, 다른 한 사람은 금으로 분리하였던 것입니다. 조직원 모두를 오행상의 기운으로 분리하여 기록한 다음 서로 상생할 수 있도록 업무분장을 새로 하였던 것입니다. 결국 두 사람은 같은 파트에서 분리하였고, 각자의 기운에 맞는 업무를 주었던 것입니다. 화 기운과 금 기운의 두 사람 사이에 저는 토의 기운을 가진 사람으로서 둘 사이를 (여름에서 가을로 잘 넘어갈 수 있도록) 서로 중재하였던 것입니다. 금화상쟁이란 서로 싸운다는 것입니다. 조직에서 금화를 서로 함께 배치해서는 안 되는 것입니다.

업무구분을 오행의 상생의 원리에 따라 목 → 화 → 토 → 금 → 수로 목 기운을 제일 처음에 배치하고(기획), 화 기운을 가진 사람을 다음에 배치(영업)하고, 토의 기운을 가진 사람을 중앙에 배치하여 부서 간 조율 및 회의를 주관하게 하였으며, 금 기운을 가진 사람을 후순위로 배치하여 겉모습보다는 내실을 다질 수 있는 견제의 역할을 하게 하였더니 신기하게도 서로 화해하고 웃으며 조직이 잘 돌아가게 되었던 것입니다.

어떤 성과물을 내기 위해 최고의 드림팀으로 구성을 하여 프로젝트를 진행하면 얼마나 좋을까마는 대부분의 현실은 그렇지 못합니다. 반대로 실무자들의 개개인의 능력은 뛰어나도 조율을 해 주는 사람이 신통치 않으면 배가 산으로 가는 경우가 많습니다. 개개인의 역량은 훌륭하지만 그것이 하나로 뭉쳐져 시너지효과를 내지 못하는 경우가 많고, 그것이 오히려 다소의 불협화음을 발생시키기 때문입니다.

인사의 원칙은 적성을 고려하여 적재적소에 배치되어야 하는 것입니다. 적성이란 본인이 어떠한 기운을 가지고 있는지를 말합니다. 적재적소란 어떠한 업무에 적합한지를 판단하는 것입니다. 금의 기운을 가지고 있는 사람은 꼼꼼합니다. 그래서 돈을 만지는 회계나 자금업무를 잘할 수 있습니다. 토의 기운을 가지고 있는 사람은 어느 곳에도 잘 적응할 수 있고 변화할 수 있습니다. 혁신과 같은 업무, 팀 간 조율을 잘할 수 있는 업무에 적합합니다. 토의 기운은 중앙에 위치해야 실력을 발휘할 수 있습니다. 조직의 기획조정실과 같은 곳에는 토의 기운을 가진 사람이 많아야 합니다. 다른 부서 사람들의 의견을 수렴하고, 서로 조율하기 위해서는 토의 기운을 필요로 합니다. 건설이나 새로운 조직을 맡는 Task Force(T/F) 조직에는 목의 기운을 가진 사람을 많이 배치해야 합니다. 그래야 뭔가 새롭게 창조하고 만들어 낼 것입니다. 그러나 특정한 기운을 가진 사람으로 너무 편중되어서는 곤란하며 적절히 조화될 수 있도록 구성하여 조직 내에서 상생할 수 있는 구조로 만들어야 하는 것입니다. 그런 의미에서 적정 조직원의 규모는 적어도 5명은 되어야 하는 것입니다.

조직을 구성할 때는 어떠한 기운을 가지고 있는 사람인지 우선적으로 파악해야 합니다. 그리고 인재들이 각기 실력을 발휘할 수 있도록 서로 상생할 수 있는 구조로 조직을 구성해야 하는 것입니다. 개인별로는 다 훌륭한 인재이지만 조직에서는 적응을 못 하는 경우나 오히려 성과는 현저히 줄어드는 경우가 있습니다. 그러한 경우에는 조직이 바로 상생할 수 있는 구조가 아니기 때문입니다. 이러한 오행의 상생과 상극이라는 관점을 고려하여 어떠한 사람을 리더로 뽑을 것인지도 결정해야 하는 것입니다.

또한 CEO 선출도 예외는 아닙니다. 회사의 성장주기에 맞게 오행의 상생원리에 따라 뽑아야 하는 것입니다. 물론 CEO가 운명적으로 오는 것인지, 아니면 선출하는 것인지는 지분구조 등 회사마다의 특성에 따라 다를 것이지만 기업의 상황에 따라 각기 다른 리더십이 필요한 것만은 틀림이 없습니다.

회사 설립기에는 목의 기운을 가장 필요로 합니다. 따라서 강력한 추진력과 폭발력이 있는 사람을 필요로 합니다. 성장기에는 화의 기운이 필요합니다. 이것저것 벌여 놓는 사람을 필요로 합니다. 즉 사업다각화를 실현할 수 있는 전문가를 뽑아야 하는 것입니다. 열매를 좀 더 성숙시키고 매출을 좀 더 성장시키기 위해서는 토의 기운의 CEO를 뽑아야 합니다. 토의 기운의 CEO는 성장기에서 성숙기로 잘 인도하도록 변화와 혁신의 업무를 수행할 것입니다. 성숙기에는 금의 기운을 필요로 합니다. 그동안 벌여 놓은 것들을 하나하나 정리하고 마무리해야 하는 시기이며, 겉으로 치우쳤던 경영활동에 내실을 다져야 합니다. 비용과 원가절감을 잘하는 CEO, 구조조정을 잘하는 CEO를 배치해야 할 것입니다. 쇠퇴기에는 그야말로 사업의 철수 또는 신사업을 준비하는 시기로 모든 것을 흡수 통합할 수 있는 CEO가 와야 할 것입니다. 모든 것을 제로베이스에서 재검토하고 기본에 충실한 경영을 실천하는 리더십 스타일이 요구됩니다.

인사의 원칙, 적성을 고려하여 배치하고 인간 존중 차원에서 접근하여 성과가 자연히 나오도록 배치하는 것입니다. '인사가 만사다'라고 할 때, 인사(人事)는 사람을 채용하고 배치하는 것을 말합니다. 만사(萬事)는 만 가지의 일, 즉 모든 일을 뜻하는 것이겠죠. 운7 기3이라는 말을 인사에서 적용한다면 자기가 배운 지식이나 기술은 3이요, 어떠한 기운을 가지고 있는가에 따라 배치되어야 하는 것이 7일 것입니다.

인사란, 인간존중에 차원에서 환경적인 배려를 포함해야 합니다. 자기가 어떠한 사람인지, 어떠한 기술을 가지고 있는지 또 다른 사람들과 어울려서, 좋은 성과를 창출할 수 있도록 환경을 만들어 주는 것을 말합니다. 그

것이 인사에 있어서 배려이고 한 개인을 인간으로서 존중하는 것입니다.

그러나 실제 인사를 잘하기란 쉽지 않습니다. 적성을 제대로 파악하는 과학적 도구도 믿기 어려울 뿐만 아니라 대부분의 인사가 인사전문가를 통해 이루어지는 것이 아니기 때문입니다. 국가를 책임지는 중요한 자리 또는 회사를 책임지는 중요한 자리에 리더십과 전문성, 도덕성을 갖춘 사람을 쓰고 싶지만, 각종 인사청탁이나 인맥관계 때문에 사람 채용하기가 쉽지 않기 때문입니다. 좋은 인재를 발탁하면, 그만큼 조직이 잘 굴러갈 수 있지만 뜻대로 안 되는 것이 인사이고, 주인이 여럿인 회사이기 때문에 인사라는 원칙과 원리는 있으되 적용하기는 쉽지 않은 것 같습니다. 일반적으로 사람들은 회사가 잘돼야 한다. 국가가 잘돼야 한다고 흔히 말합니다. 그러나 면밀히 보면 다 자기가 아는 사람, 자기편과 관련된 사람을 배치합니다. 하지만 설령 그렇다 하더라도 경영자라면 그 사람이 어떠한 기운을 가졌고 어떤 분야에 소질이 있는지 정도는 알아서 배치해야 하는 것입니다.

다른 우스운 이야기지만, 저는 사람들을 볼 때 먼저 인사를 하곤 합니다. '인사란 먼저 보는 사람이 하는 것이다'라는 생각을 갖고 있기 때문입니다. 물론 인사를 안 하면 마음이 불편해지는 내 성격 때문에 하는 것일 수도 있지만 인사를 하고 나면 다양한 현상을 볼 수 있어 좋습니다. 나보다도 낮은 직급의 사람이 본체만체 무시하고 가는 사람이 있는가 하면, 나이는 많지만 친절하게 받아 주는 사람 등 천차만별입니다. 얼마 전 홍보팀장으로 승진할 때 우리 회사의 한 CEO가 저를 평가할 때 하신 말씀이 생각납니다.

저에 대해서 몇 사람에게 물었더니 그냥 이 사람 저 사람한테 웃으며 인사를 잘해서 팀장으로 뽑았다는 말씀이었습니다. 그런 의미에서 나에게는 인사 잘하는 것이 승진의 주 이유가 되었던 것입니다. 인사가 만사가 된 셈입니다. 그야말로 나에게 있어서는 인사가 최고의 무기였던 셈입니다.

마음 됨이가 좋아야 정말 인재다

가수 남진의 1980년대 히트곡 「마음이 고와야지」는 박춘석 작사·작곡으로 남녀노소 할 것 없이 좋아하던 노래입니다. '새까만 눈동자의 아가씨, 겉으론 거만한 것 같아도 마음이 비단같이 고와서 정말로 나는 반했네. 마음이 고와야 여자지, 얼굴만 예쁘다고 여자냐. 한 번만 마음 주면 변치 않는 여자가 정말 여자지.'

멜로디가 쉬울 뿐만 아니라 가사도 아주 쉬워서 누구나 좋아하기에 충분한 노래입니다. 특히 '마음이 고와야 여자지, 얼굴만 예쁘다고 여자냐'라는 대목은 지금 세대에서 TOEIC 900점, TOEFL 600점을 받고, 자격증에 외국유학, 쭉쭉빵빵 S라인을 갖춰야 인재라고 보는 관점에서 다시 한번 되새겨 보아야 하는 부분입니다.

마음을 보지 않고 겉모습만 보고 채용한 인재들이 반도체 기술을 경쟁사로 팔아먹거나 해외로 유출하고 또 자금을 횡령해서 회사를 도탄에 빠뜨리는 사람이 있는 것이기 때문입니다. 지속 가능 경영을 부르짖는 요즘 경영학의 흐름을 볼 때 윤리가 제대로 서 있지 않는 사람은 아무리 보기가

좋고 좋은 자격을 가졌다고 하더라도 인재(人災)는 될지언정 인재(人才)는
아닌 것 같습니다.

성과주의를 중요시하는 요즘, 기업 조직에서 선배를 짓누르고 먼저 승진
하는 경우를 많이 찾아볼 수 있습니다. 그것은 일반 기업이 아닌 공기업,
정부조직에서도 쉽게 볼 수 있는 현상입니다. 특히나 요즘처럼 공기업 인
원감축이니 조직 슬림화를 부르짖는 경우에는 더욱 그렇습니다. 보직 없는
고참 간부들이 수없이 많이 생겨나고 재교육이니 뭐니 해서 부하직원으로
있던 직원 밑에서 일하는 광경도 쉽게 찾아볼 수 있습니다.

그렇기 때문에 한번 마음 주면 변치 않는 부하직원의 소중함이야말로
이루 말할 수 없을 정도입니다. 물론 한번 부하가 영원한 부하는 아닙니다.
인간사 새옹지마라고 사람은 살다 보면 수시로 위치가 바뀔 수 있습니다.
하지만 위치가 바뀌자마자 바로 태도가 바뀌는 직원들을 보면 평소에 대
하던 친절한 태도는 다 거짓이었단 말인가 하는 탄성이 절로 나오게 합니다.

그런 의미에서 한번 마음 주면 변치 않는 그런 사람이 인간사에 도움이
되는 정말 인재인 것입니다. 관상, 수상, 족상이 다 좋아도 보지 못하는 것
이 있습니다. 바로 심상입니다. 마음이 고와야 정말 여자인 것처럼 마음 됨
됨이가 좋아야 진정한 인재인 것입니다.

용서하며, 받으며 살자

　부족한 인간과 인간 사이에서 관계를 형성하고 그 관계를 유지하려면 기본적으로 필요한 태도가 용서입니다. 용서가 전제되지 않는다면 부모자식관계, 부부관계, 기타 모든 인간관계는 불가능하다고 할 수 있기 때문입니다.

　일반적으로 어떻게 해야 용서와 화해의 경험을 할 수 있을까요. 우리는 늘 누군가에게 상처를 주거나 또는 상처를 받으며 살아갑니다. 상처라는 것은 매우 아프고 고통스러운 기억입니다. 그래서 사람들은 상대방으로부터 상처를 받았을 때 당연히 보복을 생각합니다. 그래서 용서한다는 것은 무척 어려운 일입니다. 특히 온 인류를 다 사랑하는 것보다도 나에게 상처를 준 단 한 사람을 용서하는 것이 가장 어려운 것이 보통의 사람들입니다.

　그래서 세상에서 가장 훌륭한 마음은 용서하는 것이라고 합니다. 나를 해롭게 하는 사람을 용서하는 것만큼 참된 마음은 없다고 합니다. 하지만 우리는 "상대방이 공식적으로 사과하기 전에는 결코 용서할 수 없다"라고 용서의 문을 걸어 잠근 채 분노와 원한에 사무쳐 살아갈 때가 너무 많습니다. "당한 건 난데 왜 내가 용서를 해야 돼?"라고 버티며 꿈쩍도 하지 않으려고 합니다. "저 사람은 고통을 겪어 봐야 해. 나쁜 행동엔 당연히 결과가 따르는 거야. 내가 먼저 손을 내밀 일이 아니야" 등의 설령 용서한다고 해도 여운이 남는 경우가 많습니다.

헨리 나웬 신부님은 용서의 어려움에 대해 이렇게 말하고 있습니다. "말로는 종종 '용서합니다'라고 하면서 그 말을 하는 순간에도 마음에는 분노와 원한이 남아 있고, 여전히 내가 옳았다는 말을 듣고 싶고, 사과와 해명을 듣고 싶고, 끝까지 용서한 것에 대한 칭찬을 돌려받는 쾌감을 누리고 싶은 것이 사람의 마음입니다."

언젠가 사회에 대한 불만을 품은 청년이 승용차로 여의도 광장 한복판을 질주하여 여러 어린이들이 차에 치여 비참하게 죽었던 사건이 있습니다. 그때 6살 난 손자를 잃은 할머니가 있었습니다. 할머니는 손자를 잃은 슬픔을 달랠 길이 없어서 수없이 하느님께 기도를 올렸다고 합니다. "이럴 수가 있습니까. 제가 무슨 죄를 지었기에 이런 벌을 주십니까? 해도 해도 너무하십니다." 어느덧 신앙인이었던 할머니의 기도는 원망을 넘어 분노로 변해 있었던 것입니다. 급기야 젊은 청년이 사형 선고를 받던 날 할머니는 청년을 찾아갔으나 불우한 환경에 시각장애로 취직도 제대로 못했던 그동안의 사정을 알게 되면서 할머니는 용서의 마음을 느끼고 젊은이에 대한 선처를 요청했습니다. 결국 할머니는 청년을 양자로 받아들이고, 아침마다

양자를 살려 달라고 기도하게 되었습니다. 비록 젊은 청년은 사형이 집행되었다지만, 죽기 직전에 할머니의 용서와 사랑을 받고 마음의 무거운 짐을 덜어 놓게 되었던 것입니다.

용서는 적어도 두 사람을 살립니다. 할머니를 분노와 불평으로부터 벗어나게 하였고, 사형이 집행되어 목숨을 잃게 되었지만 떠나는 젊은이의 마음을 편안하게 해 주었습니다. 즉, 남도 살리고 나도 살리는 것이 용서입니다.

기독교에서는 용서의 의미를 가해자가 피해자에게 잘못을 인정하지 않을지라도 피해자가 한발 더 나아가 가해자를 용서하라는 것으로 가르치고 있습니다. 예수님은 자신을 배반한 제자들이 잘못을 인정하고 사과할 때를 기다려서 용서를 하신 것이 아니라 자신을 배반한 제자들을 먼저 찾아가셨습니다. 그 결과 제자들은 자백과 회개가 일어났습니다. 그것은 우리가 상식적으로 예상하는 ‘선사과 후용서’가 아닌 ‘선용서 후사과’의 결과였던 것입니다.

다른 사람을 용서하는 것이 어려운 이유는 용서에 조건을 붙이는 습관 때문이라고 합니다. 즉 상대방이 뉘우치면 용서하겠다거나 상대방이 사과하면 용서하겠다는 식으로 용서에 조건을 붙인다는 점입니다. 성경에서 베드로가 예수께 와서 “주님, 제 형제가 저에게 잘못을 저지르면 몇 번이나 용서해 주어야 합니까? 일곱 번이면 되겠습니까?” 하고 묻자 예수께서는 “일곱 번뿐 아니라 일곱 번씩 일흔 번이라도 용서하여라”라고 하였습니다.

예수님과 같은 성인은 가능하겠지만 우리와 같은 보통 인간들로서는 마음을 온전히 비우지 않는 이상 불가능한 것처럼 보이는 것이 용서입니다. 그런 의미에서 볼 때 참는 것은 용서가 아닌 것 같습니다. 누구나 한두 번 정도는 참을 수 있을 것입니다. 어쩌면 열 번 정도까지는 참을 수 있을지도 모릅니다. 그러나 그것이 계속되면 언젠가 참지 못하고 분노와 원한이 폭발할 것이기 때문입니다. 또한 과거의 일을 없었던 것으로 묵인하는 것도 용서는 아닌 것 같습니다. 과거의 일을 없었던 것으로 하려고 생각해도 실제로는 잠재의식 속에는 남아 있기 때문입니다. 예를 들어 부부 싸움 중에 부부가 차차 과거의 일로 거슬러 올라가 서로를 비판하는 경우와 같이 마음속에 담아 둔 것은 언젠가 밖으로 표출되게 되어 있습니다.

틀린 글자를 지우고 다시 쓸 때도 방법이 있고 단계가 있듯이 용서하는 것에도 방법이 있고 단계가 있다고 합니다. 첫째로, 자신의 부정적인 감정, 특히 분노와 슬픔을 솔직하게 밖으로 드러내야 한다는 것입니다. 대부분의 사람들은 그것을 마음속에 담아 두게 되는데, 담아 두는 한 그 상처로 인해 영향을 받을 수밖에 없습니다. 자신의 감정을 솔직히 표현하면 마음이 후련해지고, 그 다음에라야 비로소 그 사건을 냉정하게 바라볼 수 있게 되기 때문입니다.

둘째 단계로, 마음이 어느 정도 진정된 다음에는 그 사건을 객관적으로 이해하는 것이 필요하다는 것입니다. 감정에 휩쓸리지 않고 그 사건이 왜 일어났는지를 되돌아보는 것입니다. 왜 그 사람이 그런 일을 했어야만 했는지, 그 사람이 그렇게 할 수밖에 없었던 그 이유에 대해 찾아봐야 합니다. 예를 들면 그 사람의 과거사, 성격, 그때의 가정환경과 직업 등을 객관적으로 고찰한다면 상대방을 이해하고 용서하기 위해 무언가 실마리를 발견할 수 있을 것입니다. 중요한 것은 그 가운데서 나 자신을 발견하는 것입니다. 내가 왜 그 사건을 일어나게 했는지, 즉 그 사건을 일으킨 나에게도 책임을 물어야 합니다. 모든 것은 '내 탓'도 있기 때문입니다. 그런 의미에서 나 자신이야말로 다른 사람으로부터 용서받아야 할 사람입니다. 나의 잘못은 기억하지 않으면서 남의 잘못 몇 가지를 용서하지 못하는 존재가 '나'라는 것을 깨달았을 때야 비로소 다른 사람을 용서할 수 있습니다.

용서의 세 번째 단계는 이성과 의지로 새로운 인간관계를 선택하는 것입니다. 아직 분이 풀리지 않고 화가 날지도 모릅니다. 그 일을 생각하기만 하면 눈물이 날지도 모릅니다. 그러나 그 감정에 휩쓸리지 않고 단호하게 새로운 태도를 선택하고 행동에 옮겨야 하는 것입니다. 이쯤 되면 용서란 감정의 문제가 아니고 오히려 이성과 의지를 통한 결단의 문제가 되는 것입니다. 처음에는 옛 감정이 되살아나 시간이 걸리는 힘든 일이 되겠지만 이를 통해 참되게 용서하는 사랑을 가지고 살아갈 수 있게 될 것입니다.

넷째는, 용서 후에는 상대방에게 완전한 자유를 주어야 합니다. 이성과 의지로 자신의 바람을 분명히 정한 다음에는 상대방이 어떻게 행동하는지와 관계없이 지내야 하는 것입니다. 인간이 불행해지는 이유 중 한 가지는 상대방을 자신의 기준으로 판단하고, 자신의 기준에 맞추어 변화시키려고 한다는 것입니다. 그러나 유감스럽게도 인간이 인간을 조정할 수 있는 권한은 없습니다. 상대방이 자신의 생각대로 행하지 않는다고 분개하는 것은 상대방의 자유에 대한 월권행위로 볼 수 있습니다.

마지막 다섯째는 단지 상대방에게 자유를 줄 뿐만 아니라, 나도 자유로울 수 있도록 마음의 결단을 내려야 하는 것입니다. 즉, 상대방이 어떤 태도를 취한다 하더라도 나는 완전한 자유를 가지고 내 마음을 유지해야 하는 것입니다. 성숙된 용서란 상대방의 반응에 의해서가 아니라 나의 자유의지로 상대방을 사랑할지 안 할지를 결정하는 것입니다. 상대방의 태도나 자신의 감정에 좌우되지 않고 그 사람을 자유롭게 계속 사랑하는 것이야말로 용서의 극치라고 할 수 있습니다. 그런 의미에서 용서의 최종 목표는 나를 위한 용서가 되어야 합니다.

마찬가지로, 부족한 사람으로서 나 역시 다른 사람에게 용서를 받아야 하는 존재입니다. 용서받는 나는 용서하는 사람에게 자유를 주는 만큼 남들에게 용서받을 일이 있다면 적극적인 의미에서 남을 위해 그리고 나를 위해 용서를 받아야 합니다.
다른 사람의 용서의 대상은 바로 '나'이기 때문입니다.

용서는 자유입니다

하얀 종이 위에 그림은 다시 그릴 수 있습니다.

그러나 인생은 한번 가면 다시 오지 않습니다.

후회와 상처 난 마음은 쉽게 잊혀지지 않습니다.

인생을 다시 그릴 수는 없지만 때때로 지우개가 필요합니다.

인생을 지울 수는 없지만, 상처 난 마음은 지울 수가 있습니다.

먼저 나 자신의 상처를 지우고,

그 다음 다른 사람의 허물을 지워 내면,

지워진 상처와 허물 위에 새로운 인생의 싹이 돋아나게 됩니다.

용서는 인생의 지우개입니다.

용서는 나에게 자유를 줍니다.

그리고 다른 사람에게도 자유를 줍니다.

우리는 서로를 위해 용서를 택해야 합니다.

용서는 자유입니다.

건강에도 투자를 해야 한다

'똑똑한 여자는 예쁜 사람을 못 당하고, 예쁜 여자는 시집 잘 간 여자를 못 당하고 시집 잘 간 여자는 자식 잘 둔 여자 못 당하고, 자식 잘 둔 여자는 건강한 사람 못 당하고, 건강한 사람은 세월 앞에 못 당한다'는 유머가 있습니다. 세월 앞에는 못 당하지만 그래도 건강이 제일이라는 뜻이겠지요.

건강은 건강(健康)이라고 씁니다. 여기서 건은 굳셀 건으로 '튼튼하다', '굳세다'라는 의미가 있으며, 강은 편안할 강으로 '편안하다', '온화하다'는 의미가 있습니다. 그러므로 건은 육체적인 면을 가리키는 것이고, 강은 정신적인 면을 가리키는 것임을 알 수 있습니다. 이처럼 건강이란 말에는 영육 간의 이상적인 조화가 이루어지는 것을 나타냅니다. 육신만 건강하고 정신적인 건강이 없다면 이는 짐승과 다를 바 없을 것이고, 반대로 정신만 건강하고 육신이 병들어 있다면 식물인간이나 다름없습니다. 따라서 우리는 영육 간에 온전한 건강을 찾아야 합니다.

이 세상의 그 어떤 보석보다도 더 소중한 것으로 그럼에도 불구하고 진정한 의미를 이해하지 못해 가장 소홀히 취급되고 있는 것 또한 건강입니다. 마치 산소가 없으면 수 초 안에 죽지만 정작 우리는 산소의 소중함을 느끼지는 못하는 것과 같습니다. 건강이 없으면 꿈을 추구하는 것은 고사하고 당장 살아 있는 것조차 불편할 수밖에 없습니다. 일단 건강을 잃어 보면 그 소중함을 절실히 깨닫습니다. 하지만 회복이 되면 그 소중함을 곧 잊어 버리는 것이 건강입니다.

인체는 30세 이후부터 노화가 진행되고 매년 0.9% 정도씩 기능이 저하된다고 합니다. 건강은 하루아침에 잃는 것이 아니라 잘못된 생활습관 때문에 서서히 무너져 가는 것입니다. 그래서 한번 잃은 건강은 하루아침에 회복되지도 않습니다. 당뇨나 고혈압 또는 동맥경화 같은 대사성질환들은 수십 년의 나쁜 생활습관이 쌓이고 쌓여 나타나는 증상인 것입니다.

나의 건강은 그 누구도 알뜰히 챙겨 주지 않습니다. 내 스스로가 자기방어를 해 나가야 하는 것이 건강입니다. 내가 건강을 잃으면 가장 답답한 사람은 바로 내 자신입니다. 오랜 병에 효자가 없다는 말이 있듯이 종국에는 환자 자신이 외롭게 투병생활을 할 수밖에 없는 것입니다. 저절로 얻어지는 것은 나이와 질병뿐이라고 합니다. 나이가 들면서 건강하게 살려면 투자를 해야 합니다.

오리는 꼬리 부분에 작은 기름 주머니가 있는데, 항상 입으로 그곳의 기름을 묻혀 깃털에 문지르기 때문에 오리의 깃털은 물에 젖는 일이 없어 늘

물 위에 떠 있을 수가 있다고 합니다. 건강에 투자하는 것은 오리가 평소 깃털을 간수하는 것과 유사합니다. 틈이 날 때마다 건강에 힘쓰는 것입니다. 그래야 생사윤회의 바다에서 힘들이지 않고 물 위에 떠 있을 수 있기 때문입니다.

잠깐(썰렁) 유머

외국에 자주 나가시는 신부님이 계셨습니다.

그런데 그 신부님은 공항에서 작성하는 출국신고서 직업란에 항상 '신부님'이라고 적었습니다.

이번에도 그 신부님이 외국에 나가시게 되었는데 역시 출국신고서 직업란에 '신부님'이라고 적어 공항직원에게 내밀었습니다.

그러자 그 공항직원이 약간 샐쭉거리는 표정으로 "아니, 신부님! 제가 지난번 출국하실 때도 뵈었는데 직업란에 신부님은 꼭 '신부님'이라고 쓰시던데 그냥 '신부'라고 쓰시면 안 되나요?" 하고 물었습니다.

그러자 그 신부님!
"아니, 그러면 스님들은 '스'라고 씁니까?"

어려울수록 살아야 할 이유를 찾자. ○○때문에라도 끝까지 살아 보자

힘들고 어려울 때, 더 이상 살고 싶지 않을 때가 있습니다. 그러나 이제는 살아가는 것이 그만큼 어렵기 때문에 일부러라도 살아갈 이유를 찾아 나설 때입니다.

우리나라 국민 인구 10만 명당 자살 사망자는 2006년 21.5명에서 2008년 24.3명으로 지속적으로 늘면서 OECD 30개 회원국 가운데 가장 높다고 합니다. 2008년 통계청 자료로 자살 사망자는 1만 2,858명으로 하루 평균 35.1명이 스스로 목숨을 끊는 셈입니다.

특히 사망원인 중 20대와 30대의 자살이 가장 높은 비중을 차지했으며, 10대에서도 교통사고에 이어 자살이 사망원인 2위에 오를 만큼 청소년과 청년층의 자살이 매우 심각한 수준입니다.

전체 사망 원인 가운데 자살은 암과 뇌혈관질환, 심장질환에 이어 네 번째이며, 어느 재벌의 투신자살, 카드빚에 시달린 어머니가 아이들과 동반

투신자살, 인터넷 게임에 중독된 한 대학생의 음독자살, 시험성적을 비관한 수험생의 자살, 노동자의 분신자살, 코리언 드림을 꿈꾸며 일하던 외국인 노동자의 자살 등 스스로 목숨을 끊는 자살이 전염병처럼 맹위를 떨치고 있는 것이 사실입니다. 또한 최근 최진실, 노무현 전 대통령, 최진영 등 유명 인사들이 스스로 목숨을 끊어 버림으로써 한국 사회에 엄청난 충격을 준 것이 사실입니다. 특히 '국민 여배우'로 불렸던 최진실이 2008년 10월 자살한 뒤 그 다음 한 달 동안 무려 1,700명이 자살하는 등 일시적으로 자살률이 70%나 증가했다고 합니다.

이러한 목숨 경시 풍조에 맞서 급기야 세계보건기구(WHO)와 국제자살방지협회(IASP)는 2009년 9월 10일 제1회 '세계 자살방지의 날'을 제정하여 자살에 대한 경각심을 촉구하고 나섰다니 실로 다행이 아닐 수 없습니다.

자살의 원인은 다양하겠지만 그 기본 심리를 보면 동일한 것 같습니다. 자살하는 것이 지금 이렇게 사는 것보다 낫다는 자포자기의 마음가짐 때문으로 이런 심리 태도엔 생명 경시가 내재해 있습니다.

생명 존중은 불교 가르침 중 핵심적인 위치를 차지하고 있습니다. 불교인이라면 반드시 지켜야 하는 오계 중 첫 번째가 불살생계입니다. 살아 있는 생명을 해치지 말라는 것입니다.

불교에서 인생문제와 그 해결방법에 관한 4가지의 진리로 고(苦), 집(集),

멸(滅), 도(道)의 사성제 중 고성제는 인간이라면 반드시 직면하게 되는 8가지 고통을 말하고 있습니다.

고제(苦諦)란 고통의 진리를 말하는 것으로, 오온(색, 수, 상, 행, 식)으로 이루어진 모든 존재의 바탕이 고통이라는 것입니다. 고통은 크게 누구나 고통으로 느낄 수 있는 고고(苦苦), 변화하고 무너지는 괴고(壞苦), 오온으로 이루어진 존재인 이상 피할 수 없는 행고(行苦)의 3고(三苦)로 분류되고, 3고는 팔고(八苦)로 세분되기도 하는데, 팔고란 태어나는 고통(生), 늙는 고통(老), 병드는 고통(病), 죽는 고통(死)과 사랑하는 것과 헤어지는 고통, 미워하는 사람과 만나야 하는 고통, 원하는 것을 성취하지 못하는 고통, 오취온 또는 오온에 집착함으로써 비롯되는 고통이 있습니다.

사성제 중 두 번째 집성제는 고통의 근본원인으로 갈애(渴愛)를 제시하고 있습니다. 갈애는 욕애, 유애, 비유애 등 세 가지 종류가 있다고 하는데, 욕애(慾愛)란 다섯 가지 감각기관을 즐겁게 해 주는 감각적인 대상에 대한 욕망을 말합니다. 한마디로 감각적 쾌락을 추구하고 갈망하는 욕망입니다. 눈은 좋은 색을, 귀는 흥겨운 소리를, 코는 아름다운 향기를, 혀는 맛있는 음식을, 몸의 피부는 부드러운 감촉을 끊임없이 추구하며 행복을 느끼려는 욕망입니다. 사실 현대인은 이런 것들을 돈으로 구입하며 애착합니다. 그래서 돈이 어느 시대보다 주요한 행복의 지표로 여겨지고, 돈을 잘못 사용하여 고통을 초래하고 결국 자살로 이어지는 일이 일어나고 있는 것입니다.

유애(有愛)란 오욕락을 즐기며 계속 살고 싶어 하는 욕망으로, 생존에 대한 강렬한 집착을 말합니다. 마지막으로 비유애란 유애의 반대로 생존을 끊으려는 충동입니다. 자살 충동은 정상인이라도 일생 동안 한두 번 느끼는 감정으로 심한 좌절감에 빠질 때나 삶의 의미를 상실하게 될 때 또는 격심한 스트레스를 견디지 못할 때 스스로 목숨을 끊어 버리고 싶은 감정입니다.

자살에 대한 충동을 인간이 구유하고 있는 욕망 중 하나로 제시한 것은, 이상하게 들릴지 모르지만 조금만 더 깊이 생각해 보면 '살려는 본능'의 모습에 다름 아님을 알 수 있습니다. 행복하게 살려는 욕망이 좌절될 때 반대작용으로 자살하고 싶은 마음이 일어나는 것입니다. 강력한 생존의 욕망 이면에는 자살에 대한 본능이 그림자처럼 따라 붙어 다닌다고 할 수 있습니다.

욕애, 유애, 비유애는 인간의 근본적인 욕망으로 이들 욕망은 '자아의식'과 연결되어 있다고 볼 수 있습니다. 욕망은 모두 자아의식을 충족시키려는 과정인데, 욕애는 감각적인 쾌락을 자아의식에 제공하는 것이고, 유애는 자아의식의 영속을 도모하는 것이며, 반면 비유애는 앞에 두 개의 욕망이 충족되지 않을 때 자아의식이 견디지 못하고 스스로 생명을 끊는 자살로 이루어지는 것입니다.

이런 측면에서 자살은 그 본성상 매우 이기적인 동기에서 비롯된 것임을 알 수 있습니다. 현재의 고난을 감수하고 풀어 보려는 노력보다도 그 고통을 외면하려는 이기적인 욕구에서 자살이 행하여지는 것이기 때문입니다.

현대 한국 사회에서 자살의 주요 원인으로 카드빚이 등장하고 있습니다. 카드빚을 진 것은 사용자가 무분별하게 사용했기 때문이며, 따라서 사용자 자신의 행위에 대한 과보를 받는 것은 당연합니다. 그러나 자살이라는 행위를 통해 카드빚 독촉에서 벗어나려고 하는 것은 매우 이기적인 생각이 아닐 수 없습니다.

석가모니 부처님은 인간의 행위를 네 가지로 분류하고 있습니다. 가장 바람직한 행위는 자신과 주위의 사람에게 동시에 유익한 것이고, 반대로 최악의 행위는 자신과 타인에게 모두 해악을 가져오는 경우입니다. 자신의 이익을 확보하기 위해 타인을 괴롭히는 행위는 사회적으로 지탄의 대상이 되고 있습니다. 그렇다면 사람들이 행하는 자살은 어느 행위에 속하게 될까요? 자신의 생명을 빼앗고 부모형제나 친지에게 격심한 고통을 야기하는 측면에서 네 번째 범주에 속합니다. 그리고 대체로 자살의 동기가 당면한 고통을 해결하지 못하고 외면하기 위한 것이므로 다분히 이기적이며 도피적인 성격이 짙다고 할 수 있습니다.

어떤 브라만에게 두 명의 아내가 있었습니다. 두 아내 중 한 명은 10살 된 아들이 있었고 또 다른 아내는 출산을 앞두고 있었는데, 어느 날 남편이 죽고 말았습니다. 첫 번째 아내는 자신의 어린 아들이 상속자임을 내세웠습니다. 이에 임신한 부인은 태어날 아이가 사내면 당연히 자신의 아이도

일부 재산을 상속받을 자격이 있다고 말하였습니다. 첫째 부인이 자신의 아들이 상속자임을 계속 내세우자, 이에 임신한 부인은 배 속의 아이가 남자인지 여자인지 알고 싶은 나머지 방 안으로 들어가 자신의 배를 절개해 버렸습니다. 그녀는 자신의 목숨뿐만 아니라 태아의 목숨도 해치게 된 것입니다. 현명한 사람 같으면 애기가 태어날 때까지 기다렸을 텐데 어리석은 여인은 기다리지 못하고 섣불리 행동하여 자신과 자신의 아들을 해치고 만 것입니다.

통속적으로 자살은 순간적으로 자신의 생명을 끊는 행위이며, 넓은 의미에서는 스스로 생명을 해치는 행위라고 할 수 있습니다. 어쩌면 죽음을 향해 달려가고 있는 인간에게 삶이란 오랜 시간을 거쳐 스스로 천천히 자신의 생명을 해치는 과정을 의미할 수도 있습니다. 나쁜 생활 습관, 예를 들면 과음, 흡연, 과식 등은 생명에 치명적인 해를 즉각적으로 가져오지 않지만 계속 반복되면 결국 스스로 생명을 해치게 되는 것입니다.

따라서 넓은 의미에서는 나쁜 습관도 자살행위일 것이고 그리고 탐욕, 분노, 무지 등의 번뇌도 건강을 해치는 것이므로 스스로 이런 번뇌를 발생시키고 간직하면 자해하게 되는 것과 마찬가지인 셈입니다. 무의식적으로 그릇된 생각과 감정에 빠져 있으면 그로 인해 건강을 해치게 되는 것이므로 장기적으로 보면 이것도 자살행위에 해당한다 할 수 있습니다.

하지만 자살이 일반적인 죽음과 다른 점은 일반적인 죽음은 자기가 스스로 목숨을 끊지 않는다는 것입니다. 이런 의미에서 자살은 이기적인 자신을 스스로 자발적으로 죽이는 것이며, 영혼이 깃든 육체를 죽이는 것으로 육체가 자기 몸일 뿐 타인을 죽이는 타살과도 같은 행동입니다.

미국 캘리포니아 대학의 '죽음학' 교수이자 미국자살협회의 창립자인 에드윈 쉬나이드맨 박사에 따르면 '죽고 싶다'고 말하는 이들의 속마음은 '살고 싶다'라는 것입니다. 자살자들은 대부분 죽음을 결행하기 전에 '나 좀 도와줘'라는 신호를 주위에 보낸다고 합니다. 또 10명 중 8명은 왜 자살을 하는지 그 이유를 명확히 밝히기까지도 한다고 합니다.

정말로 인생 한번 잘 살아 보려고 다짐했던 적도 있습니다. 어렵고 힘들었더라도 사랑했던 기억들, 즐거웠던 추억들 속에서 희미한 목표가 생겼거나 도전할 것이 있었을 때 힘이 났었습니다. 그러나 인생이 너무 허무할 때가 있습니다. 도대체 그럴 때면 어떻게 살아야 할지 막막하기만 합니다. 가야 할 인생길이 너무도 길게만 느껴질 때가 있습니다. 실제로 자살을 하지는 않았지만 죽어 버리고 싶은 충동을 한두 번 느껴 보지 않은 사람은 거의 없을 것입니다.

어리석은 여인처럼 섣불리 목숨을 끊어서도 안 됩니다. 나의 이기적인 생각 때문에 영혼이 깃든 나의 육체를 나 스스로 죽이는 일이 있어서는 안 됩니다. 자살이 유행처럼 번지는 이런 시대에 죽는 것이 끝이 아니라는 성인들의 말씀을 듣고 마지막까지 인생을 잘 살아야 합니다.

그래서 이제는 힘들 때마다 살아야 할 이유를 찾아야 할 시기입니다. 힘들어도 '내 아들 때문에 살아야지', 아프고 병들어도 '내 아내, 내 남편 때문에라도 살아야지', 회사에서는 '내 친구, 내 동료를 위해 열심히 해야지', 지독하게 아플 때, 온몸이 저리고 뼈마디가 쑤실 때, 차라리 내 한 몸 없는 것이 나을 때라도, 단순하게 이렇게 말해야 할 것 같습니다. '누구 때문에라도 살아 보자. 저 놈 때문에라도 살자, 더러워서라도 꼭 살아 보자'라고 큰소리로 외쳐야 합니다.

'자살'을 반대로 하면 '살자'가 됩니다. 삶이 곤하고 힘들지라도 중도에 포기하지 말고 끝까지 잘 살아 봐야겠습니다.

기업에도 수명이 있다

사람의 육체는 태어나서 70~80년 동안의 수명을 유지하다 끝을 맺게 되어 있습니다. 세상에 있는 모든 생명이 깃든 것들은 다 수명이 있습니다. 아울러 생명이 있는 인간이 활동하는 기업 및 제품에도 수명이 있습니다.

일반적으로 경영학에서 말하는 기업의 수명은 통계적으로 20년을 넘지 않는다고 합니다. 오늘날 사용하는 제품이나 기업들 중에서 50년 뒤에도 살아남아 있는 것은 그리 많지 않을 것입니다.

레비트가 1965년 제시한 개념으로 제품수명주기 이론(PLC: Product Life Cycle)이 있습니다. 제품에는 일정한 수명이 있고 이러한 수명은 새로운 제품이 등장할 때마다 반복적인 형태로 나타나는데, 일반적으로 '도입 - 성장 - 성숙 - 쇠퇴'의 단계를 거치게 되며, 수명주기를 잘 관리하기 위해서는 네 단계마다 다른 전략들을 적용해야 한다는 것입니다.

개념을 간단히 살펴보면, 도입기는 기업을 새롭게 만들거나 시장을 새롭게 만들어 가는 시기를 말하는데, 이때는 경쟁자도 없고 독점의 상태에 놓이므로 해당 제품 및 기업에 대한 인지도를 형성해야 하는 등 시장이 성장할 수 있도록 발판을 마련하는 단계입니다.

성장기는 소비자들에게 카테고리 및 제품에 대한 인지도가 형성되면서 매출이 빠르게 올라가며, 순수입이 급상승하는 단계입니다. 경쟁자들이 속속 나타나기 시작하는 단계로, 성장기에는 영업이익을 제품 개발과 시장 확장에 재투자하여 경쟁자들과 '차별화'를 꾀해야 하는 시기입니다.

성숙기는 경쟁자들이 많이 생겨나며, 업계에서 각 제품들의 판매량이나 인지도 등에서 순위가 결정되어 있는 시점으로, 제품 판매는 극에 달해 있으며 치열한 경쟁으로 인해 가격 인하가 시작되어 이익이 감소하기 시작하는 단계입니다.

성숙기에는 경쟁에서 이기기 위해 고객이 진정 원하는 것은 무엇인지 그 가치를 파악할 수 있도록 하여야 하며, 고객만족서비스 전략 등이 필요한 단계입니다. 또한 새로운 상품을 출시하거나 강력한 Promotion을 통해 시장 점유율을 높여야 하며, 제조 원가를 줄이기 위해 노력해야 하는 단계입니다. 제품뿐만 아니라 기업 내부적으로는 차세대 제품(업종)에 대한 기술개발도 꾸준히 이루어지고 있어야 합니다.

쇠퇴기는 기술적으로 노화가 되고, 구매자들의 구매도 서서히 줄어들게 되는 단계이며, 대부분 새로운 기술의 제품이 등장하는 시점입니다. 쇠퇴기에는 기존 제품에 새로운 용도를 찾거나, 새로운 시장에 진출해야 하는 단계로 쇠퇴기에는 수요가 줄어들어 가격이 낮아지는 특성이 있습니다.

간략하게 제품수명주기의 개념에 대해서 알아보았습니다. 그러나 현실적으로 기업이나 그 기업의 제품의 수명주기를 정확히 파악하는 것은 어려우며, 수명주기에 의거해서 마케팅 활동을 진행하기도 쉽지 않습니다. 또한 특정 제품의 수명주기가 어느 정도의 기간을 갖게 될지 예상하기도 쉽지 않습니다. 하지만 제품 수명주기를 통해 배워야 할 것은 현재 제품의 수명주기는 어디쯤에 위치해 있는지 가늠해 보고 그 시기에 맞는 합당한 전략을 취해야 한다는 것입니다.

앞에서 말했던 음양오행의 주기에 비교하여 보면 어느 정도는 일맥상통한 이야기가 될 것입니다. 필자는 예언가도 아니며 동양철학을 전공한 역학인도 아닙니다. 다만 기업에도 일정한 흐름이 있다는 것을 언급하고 싶을 뿐으로, 필자가 오래 지켜본 기업의 사례를 들어 보고자 합니다.

1980년대 강원도 정선에서는 석탄산업 합리화에 따른 지역공동화 문제로 주민들의 생존권 투쟁이 발생했습니다. 그 후 1995년 12월에 특별법이 제정되었고, 석탄 산업을 대신할 대체산업으로 내국인 카지노 설립의 기반이 마련되었습니다. 3년 후 K랜드는 법인을 설립하였고, 2000년도에는 스몰카지노를 지어 시범영업에 들어가게 되었습니다. 영업을 시작한 후 급속

성장을 하여 몇 개월 만에 수천억 원의 매출을 올리게 되었습니다. 초기 성공에 따라 건설 공사는 탄력이 붙었고, 성장 속도는 매우 빠르게 진행되었습니다. 2003년에는 메인카지노를 오픈하게 됩니다. 스몰카지노보다 3배 규모의 카지노로 말 그대로 제대로 된 카지노 형태를 갖추게 된 것입니다. 메인카지노가 오픈되자 더 많은 사람들이 카지노로 몰려들었고 직원들 또한 많은 수를 한꺼번에 고용하게 되었습니다. 예전 탄광시절 '지나가던 개들도 만 원짜리 지폐를 물고 다녔다'는 정도는 아니지만 지역에는 서울에서 내려온 사람 또는 지역을 떠났던 사람들의 자녀들로 하나 둘 채워지게 되었습니다. 2005년에는 골프장, 2006년에는 스키장을 차례로 개장하였습니다. 2005년에는 K기업의 수명 연장을 의미하는 「폐특법」을 10년 연장하였으며, 이후 대규모로 커진 조직의 기반을 다지는 차원에서 대대적인 변화와 혁신 운동이 전개되었습니다. 또한 기본과 원칙을 바탕으로 내실과 창의경영을 통하여 2010년에는 회사 역사상 최대의 매출과 이익을 달성하였습니다. 이제 5년 뒤 2015년에는 「폐특법」 만료가 예정되어 있습니다.

K랜드와 관련된 역사를 시간대별로 분류해 보면, 1995년부터 2000년까지는 영업 준비(도입)기로 씨앗이 땅에 뿌려져 싹을 틔우기까지의 시기로 볼 수 있습니다. 2000년 영업시작부터 2005년 골프장 개장 시까지는 메인카지노 개장, 골프장 개장 등 키도 크고, 몸집도 불어나는 성장기로 볼 수 있습니다. 2006년부터 2010년까지는 매출규모가 완만히 성장하는 것에 반해 이익은 사상 최대를 달성하는 것을 보아 성숙기로 볼 수 있습니다. 성숙기는 날씨가 추워져 나뭇잎을 떨어뜨리고 열매를 맺는 시기인 것입니다.

사행산업 매출총량제 등 사감위 규제하에서도 사상 최대 이익을 달성함으로써 열매를 맺었다고 볼 수 있습니다.

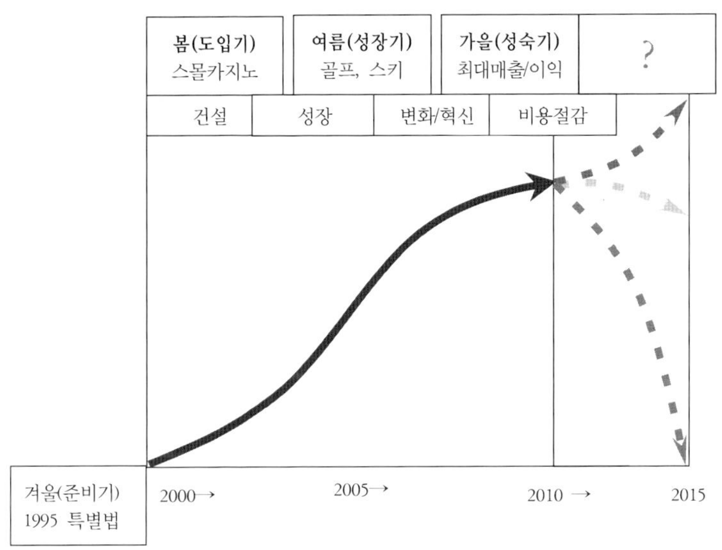

계절로 치면 2000년은 그동안 긴 겨울을 지내고 생명이 새로 싹트는 봄이 왔다고 볼 수 있으며, 2005년은 여름, 2010년은 입추를 지내고 긴 여름을 떠나보내기 아쉬워하는 말복 정도로 볼 수 있습니다.

CEO리더십 관점에서 살펴보면, 2000년은 리조트 건설기로 옛것을 부수고 새것을 만드는 리더십이었으며, 2003년은 테마파크, 골프장, 스키장 등 사업다각화의 리더십이었으며, 2005년엔 여름에서 가을로 변화하기 위한 변화와 혁신의 리더십이었으며, 2010은 화려했던 성장을 멈추고 열매를 맺기 위해 내실을 다지는 리더십입니다. 2011년부터 2015년까지는 어떠한 계절이 올지 자못 궁금합니다. 또 2015년에 특별법이 만료되면 5년 주기로 흘러가는 기업의 수명주기가 어찌될지 자못 궁금합니다. 추운 겨울이 올지 아니면 새로운 봄을 준비하게 될지 독자들께서도 함께 생각해 보시면 어떨까 합니다.

그러나 제품 수명주기나 기업의 수명주기가 반드시 정해진 운명대로만 가는 것은 아니라는 것이 제 생각입니다. 또한 운명이란 변하는 것입니다. 제품에 브랜드가 결합되면 특정 브랜드의 수명은 연장될 수도 있습니다. 전구가 발명되어 초가 없어질 거라 생각했지만 실제로 그렇지 않았습니다. 컴퓨터로 인해 여러 노트, 문서용지들이 없어질 거라 생각했지만 종이는 더욱 수요가 많아졌으며 아직까지도 필수품으로 존재합니다. 또한 기업이란 소유주는 바뀔지언정 기업은 영속한다고 볼 수도 있습니다. 마치 물이 계속 순환하듯이 말입니다.

나의 생활신조, 배우고(知) 다스리고(德) 실천(體)한다

직장인으로서 살다 보면 생활신조가 무엇이냐는 질문을 받게 됩니다. 또 다니는 회사의 비전이 무엇이냐, 핵심가치는 무엇이냐 또 바람직한 인재상, 리더상이 있느냐는 것입니다. 필자가 핵심가치, 리더상, 인재상 등 회사의 슬로건을 만들어 봤지만 정작 내 자신의 신조는 없었습니다. 직장생활을 하면서 점차 직위가 올라가게 되면 경영자로서의 역할이 점점 중요해집니다. 물론 중간 관리자도 경영이라면 경영이라 말할 수 있기 때문에 직장생활을 하면서 약간 정도의 소신을 가지고 살아가는 것도 필요하다고 보고 있습니다.

경영하다 보면 인간이기 때문에 잘못된 판단을 하기 마련입니다. 너무 이익을 추구하다 보면 노동자의 권리를 착취할 수도 있으며, 너무 봉사에 치우치다 보면 이익을 소홀히 하기 마련입니다. 이런 과정에서 경영자는 어려움에 부딪힐 수 있습니다. 조직, 인사의 과정에서 조직 간의 불협화음이 끊이지 않을 수도 있습니다.

아무런 기술과 지식도 가지지 못한 상태에서 자칫 잘못된 판단을 내리게 되면 회사를 존폐의 위기에 처할 상황으로 몰고 가게 될지도 모릅니다. 따라서 경영하는 사람은 해당 분야의 전문지식을 가져야 하며, 적어도 정책의 방향, 즉 전략적 방향성은 가지고 있어야 합니다. 경영자는 배워서 알아야 하는 것입니다. 경영자가 갖추어야 할 첫 번째는 바로 지(知)입니다.

조직 간, 구성원 간에 다스리는 도구는 무엇일까요? 바로 덕(德)입니다. 덕치주의가 바로 그것입니다. 인간으로서 옳은 것과 그른 것, 좋은 것과 나쁜 것, 해도 되는 것과 하면 안 되는 것 등 인간을 인간답게 만드는 도덕과 윤리를 그대로 경영의 지침이자 판단기준으로 삼아야 합니다.

인간이 인간을 상대로 하는 것이 경영입니다. 경영에서 해야 할 것과 해서는 안 될 것 역시 인간으로서의 근본적인 규범에 어긋나서는 안 됩니다.

국제일본문화연구센터의 가와카쓰 헤이타 교수는 '부국유덕'이라는 말을 한 적이 있습니다. 이 말은 부가 아닌 덕을 통한 나라 세우기 혹은 부나 부의 힘을 살려 덕으로써 타인이나 타국에 베푸는 나라가 되자는 것이며, 무력이나 경제력이 아닌 덕으로써 타국에 '선'을 행하여 신뢰와 존경을 받자는 것입니다.

덕이라는 인간의 숭고한 정신을 이념을 토대로 살면 사회에서 직장에서 진정으로 필요한 존재가 되고, 존경받는 인재가 될 수 있을 것입니다. 또한 그런 사람을 모략하고 무너뜨리려는 악한들도 있을 리 없으며 그런 의미에서 덕은 최선의 안전보장이기도 합니다.

또한 위대한 리더들은 본능적으로 실행정신을 중시합니다. '내가 이것을 실천하지 않으면 결과적으로 아무것도 이룰 수 없다'는 것이 그들의 생각인데 실행은 그저 아랫사람에게 위임해야 할 대상이 아니라고 생각합니다.

위대한 CEO나 노벨상을 수상한 사람들은 몸소 연구하고 실행하여 그 영광이 있었던 것입니다.

알기만 해서는 안 됩니다. 실행할 때 비로소 의미가 있습니다. 꿈과 성취의 유일한 차이는 노력과 실행의 차이입니다. 경영자로서 갖추어야 할 세 번째는 실행인 것입니다.

알면서도 실천하지 않는 것은 말만 앞서는 사람이고 아는 것을 실천하는 것이 군자라 할 수 있습니다. 배우고(知), 다스리고(德), 몸소 실천하는(體) 사람이 되어야겠습니다.

행복은 '지금 이 순간에'
마음껏 누리는 것

톨스토이의 단편집 『세 가지 질문』이라는 책 속의 이야기입니다. 이 책의 주인공 니콜라이라는 소년은 어떤 행동이 올바른 것인지 늘 궁금해하였습니다. "첫째는 가장 중요한 때는 언제일까? 둘째는 가장 중요한 사람은 누구일까? 셋째는 가장 중요한 일은 무엇일까?" 니콜라이는 이 세 가지 질문에 대한 답을 알 수만 있다면 언제나 올바른 행동을 하면서 잘 살아갈 수 있을 것이라고 생각했습니다.

이 세 가지 질문을 놓고 해답을 찾기 위해 애를 쓰던 중, 니콜라이는 나이가 많은 레오 할아버지를 찾아가 드디어 그 해답을 물었습니다. "할아버지, 인생에서 가장 중요한 때와 가장 중요한 사람과 가장 중요한 일은 무엇인가요?" 레오 할아버지가 대답하였습니다. "인생에서 가장 중요한 때란 바로 지금, 이 순간이란다. 그리고 가장 중요한 사람은 지금 너와 함께 있는 사람이고, 가장 중요한 일은 지금 네 곁에 있는 사람을 위해 좋은 일을 하는 거란다. 바로 이 세 가지가 이 세상에서 가장 중요한 것들이란다."

보통 사람들은 현재를 '준비기'라고 생각하는 습관이 있습니다. 현재는 더 나은 미래를 위해 준비하고 일방적으로 희생되어야 하는 시간이고, 즐기고 만끽해야 할 대상이 아닌 참고 견뎌야 하는 대상이라고 생각하는 것 말입니다. 그래서 부모는 중간시험을 잘 보고 집에 온 초등학생 자녀에게 맘껏 칭찬을 해 주기보다는 '기말시험이 더 중요하다'며 부담을 줍니다. 자녀가 기말시험을 잘 보고 오면 이번에는 '고등학교 때 잘하는 게 진짜 실력이야'라고 말합니다. 그런 과정을 거치고 수능시험을 잘 치르고 나면 이번에는 또다시 '대학에 가서 잘하는 게 진짜'라며 한술 더 뜹니다. 대학은 직장생활을 위해 희생되고 직장생활은 노후대책을 마련하느라 역시 희생됩니다. 노후는 다시 자녀를 위해, 손자·손녀를 위해 희생됩니다. 최악의 경우 내일 당장 내가 죽을 수도 있다는 사실을 모르고 계속 미래만을 준비하는 셈입니다.

우리는 항상 살면서 지금 하고 있는 것보다 훨씬 중요한 무엇인가가 있으리라고 생각하며 살고 있습니다. 현재는 항상 부족하고 미래는 더 좋으리라 기대하고, 현재는 가난하지만 미래는 부자가 될 것이란 기대를 하고 삽니다. 그러면서 현재 자신의 모습은 보지도 못할 뿐 아니라 그것을 즐기거나 기뻐하지도 못합니다. 남을 도와주거나 기부하는 것도 다음으로 미루게 됩니다.

이런 의미에서 어떤 사람에게 "행복을 위해 앞으로 10년 후에 어떻게 살고 있을까요?"를 묻는 것은 적절한 질문은 아닌 것 같습니다. 왜냐하면 10년 후와 같은 먼 미래의 일에 대해서는 누구나 의미중심의 이상적인 생활을 꿈꾸기 때문입니다. "10년 후쯤엔 가족들과 해외여행을 다니고, 주말에는 농장에 가서 농사를 짓고, 나보다 못한 이웃에 봉사하는 삶을 살고 싶습니다"라고 누구나 쉽게 대답합니다. 그러나 "당장 오늘은 어떻게 살고 있는가?"를 물어보면 무슨 일 때문에 바쁘고, 한가할 만한 시간이 없고, 상황도 여의치 않다고 변명합니다. 그러나 지금의 모습을 보면 10년 후의 모습을 알 수 있습니다. 막연한 먼 미래가 아닌 오늘 당장, 지금의 삶을 가치 있는 것으로 바라보고 있는 사람, 이런 사람이 10년 후에도 행복한 삶을 살 가능성이 높습니다. 왜냐하면 오늘 헛되이 사는 사람에게 내일은 없기 때문입니다. 지금 이 순간을 헛되이 사는 사람에게는 오늘도 없고 또 미래도 없습니다. 미래는 이미 그 순간에서는 오늘이기 때문입니다. 사람들은 보통 미래 중심의 삶을 살고 있습니다. 그러나 불확실한 미래, 불투명한 미래를 위해 살기보다는 현재의 확실한 일에 더 중요한 가치를 부여하면서 살아야 합니다.

행복으로 가는 길은 지금 순간을 충분히 즐기고 감사하는 것에서 비롯됩니다. '나중에 하지'라는 식으로 지금 소중한 순간을 뒤로 미루지 말아야 합니다. 축하할 일이나 축하해 줄 일이 있으면, 주변 사람들에게 알려서 마음껏 축하받고 축하를 해 주어야 합니다. 무형의 서비스와 같이 행복은 예금통장에서 빼내어 쓸 수 있는 것처럼 저장되는 것이 아닙니다. 부모에게 공양하거나 자식에게 유산으로 물려줄 수 있는 것도 아닙니다. 행복은 보이지 않으며 저장되지 않습니다.

하루가 곧 일생이 됩니다. 하루를 짧은 일생으로 본다면 한시도 등한시하지 못할 것입니다. 하루는 순간순간이 모여 이루어집니다. 순간순간을 잘 보내는 것이 곧 좋은 하루, 행복한 인생을 사는 길입니다. 과거가 이어져 현재를 만들며, 현재가 이어져 미래를 만듭니다. 지나간 과거에 매달리지도 말고, 아직 오지 않은 미래에 연연하지도 말아야 합니다. 오직 현재만을 살아야 합니다.

지금이야말로 나에게 주어진 최고의 선물입니다. 그래서 우리는 현재(Present)를 선물(Present)이라고 부릅니다. 꿈은 크게 꾸되, 행복은 지금 마음껏 누려야 하는 것입니다. 행복은 바로 지금 이 순간에 있습니다.

순수한 삶

순수한 삶이 그립다.
처음 부드러운 손을 잡았을 때의 느낌으로 돌아가고 싶다.

한마디 말을 걸어 대화에 성공했을 때
기쁨과 호기심으로 들뜨던 그때

가슴에 안을 수 없지만 꿈속에라도 그리워하던 설렘
입맞춤을 할 수 없어도 좋았다.

안으면 부서질 것 같아 안을 수 없는 그런 사이가 좋다.
멀리 있어 더욱 가까운 사이

그냥 서로를 그리워하는
그런 삶을 살 수만 있다면 좋겠다.

인생은 순수하면 아름답습니다.

박성수

1969년 충청북도 충주에서 태어났다. 일찍이 부모님을 여의고 독학으로 공부하여 한국방송통신대학교, 아주대학교 대학원, 강릉대학교 대학원을 졸업하고, 경영학 박사학위를 취득했다. 삼성에버랜드 입사 후 삼성 그룹 내 사내대학인 삼성경영기술대학에서 마케팅을 공부하고 기획 및 마케팅 업무를 수행하였으며, 강원랜드 기획조정실로 입사하여 사회공헌팀을 거쳐 GWP 기업문화 혁신 업무를 담당하였고, 홍보팀장·경영기획팀장을 거쳐 현재는 카지노지원 팀장을 맡고 있다.

지금처럼 산다면

초판인쇄 | 2010년 11월 30일
초판발행 | 2010년 11월 30일

지 은 이 | 박성수
펴 낸 이 | 채종준
펴 낸 곳 | 한국학술정보㈜
주　　소 | 경기도 파주시 교하읍 문발리 파주출판문화정보산업단지 513-5
전　　화 | 031) 908-3181(대표)
팩　　스 | 031) 908-3189
홈페이지 | http://ebook.kstudy.com
E-mail | 출판사업부　publish@kstudy.com
등　　록 | 제일산-115호(2000. 6. 19)

ISBN　　978-89-268-1673-8 03040(Paper Book)
　　　　978-89-268-1674-5 08040(e-Book)

이담 Books 는 한국학술정보(주)의 지식실용서 브랜드입니다.

이 책은 한국학술정보(주)와 저작자의 시적 재산으로서 무단 전재와 복제를 금합니다.
책에 대한 더 나은 생각, 끊임없는 고민, 독자를 생각하는 마음으로 보다 좋은 책을 만들어갑니다.